Hans-Joachim Maaz, geboren 1943, ist seit 1980 Chefarzt der Psychotherapeutischen Klinik im Evangelischen Diakoniewerk Halle. Gegen die Tabus des SED-Staates kämpfte er für psychoanalytische und körperorientierte Therapieformen in der DDR. Maaz ist Mitbegründer der »Akademie für psychodynamische Therapie und Tiefenpsychologie«, von 1989 bis 1991 war er Vorstandsmitglied der »Gesellschaft für Psychotherapie, Psychosomatik und Medizinische Psychologie der DDR«.
Durch zahlreiche Vorträge und Diskussionsbeiträge in Presse, Funk und Fernsehen ist Maaz in ganz Deutschland weit über die Fachöffentlichkeit hinaus bekannt.

Von Hans-Joachim Maaz sind außerdem erschienen:

Der Gefühlsstau (Band 77010)
Das gestürzte Volk (Band 80001)

Dieses Buch wurde auf chlor- und säurefreiem Papier gedruckt.

Vollständige Taschenbuchausgabe Januar 1994
Droemersche Verlagsanstalt Th. Knaur Nachf., München

Umschlaggestaltung Adolf Bachmann, Reischach
Druck und Bindung brodard & taupin
Printed in France 5 4 3 2 1
ISBN 3-426-80015-2

Hans-Joachim Maaz

Die Entrüstung

Deutschland, Deutschland
Stasi, Schuld
und Sündenbock

Knaur

Inhalt

1. Der Kalte Krieg wird zu Ende geführt

Zwei Jahre deutsche Einheit — und immer noch ist die Stasi das Thema unserer Zeit: Irgendwie muß diese Organisation den Nerv deutschen Lebens treffen. Die öffentliche Meinung in unserem Land ist sich einig wie selten in ihrer moralischen Entrüstung über Heerscharen von IMs, über spitzelnde Freunde und Ehegatten, staatstreue und zwielichtige Kirchenfürsten und gewissenlose Therapeuten. Was diese Entrüstung aber wirklich wert ist, haben uns die Exzesse von Rostock gelehrt: Wer sich als Opfer nur ereifert, wird schnell zum Täter. Da ist berechtigter Zorn aus der Vergangenheit in den Menschen, da ist verständliche existenzielle Angst vor der Zukunft, und relativ geringe, vielleicht auch lästige Anlässe durch asylsuchende Menschen in Not werden benutzt, um alle unbewältigten Spannungen als gewalttätigen Haß den Asylbewerbern entgegenzuschleudern. Das, worum es eigentlich geht, die Gründe für die tiefe Verunsicherung der Menschen und was hinter dem Stasi-Syndrom und der »unglücklichen Einheit« als eigene Schuld steckt, soll möglichst nicht bewußt oder — wenn schon erahnt und gespürt — sofort weitergereicht werden.

Aber die Stasi und die verheerenden Folgen der deutschen Einheit sind nur Symptome, der Ausdruck korrupter und verkommener Lebensverhältnisse, im Staate wie im Privaten. Wir brauchen praktisch vor allem die Stasi als Sündenbock, um vom eigentlichen Dilemma, von den Fehlern und Gefahren der niedergegangenen und der wiedervereinigten Gesellschaft abzulenken. Es ist die geschürte und manipulierte Entrüstung, damit wir uns nicht wirklich ent-rüsten. Und die immer hitziger werdende Debatte um die Asylbewerber erfüllt dieselbe Funktion: Die Ausländer dienen als willkommenes Aggressionsobjekt, und die anwachsende Randale kündet von den kommenden mörderischen Auseinandersetzungen, auf die wir offenbar unaufhaltsam hinsteuern — allerdings aus ganz anderen Gründen als uns die Krawalle glauben machen wollen. Unser wirkliches Problem sind nicht die Asylbewerber, sondern die Lebensverhältnisse, die auf der einen Seite morbiden Reichtum und auf der anderen Seite lebensbedrohliche Armut erzeugen. Und an der offenen Gewalt sind wir schon wieder alle schuldig beteiligt: Die zögerlichen Politiker, die schlappe Polizei, die feigen und widerwärtigen Claqueure der Gewalt, die Passiven und Gleichgültigen, die Beruhiger und Abwiegler und natürlich die Gewalttäter selbst. Es ist ein bitterwahres Ensemble versammelter destruktiver Kräfte, die die einen nicht handeln und die anderen wild ausagieren lassen: immer sind an allem Übel die anderen schuld, nur nicht wir selbst und vor allem nicht unsere eigene Lebensart.

In einem beispiellosen Prozeß der Kolonialisierung wird der »Kalte Krieg« zu Ende geführt, und ich begreife immer mehr, daß der Zweite Weltkrieg mit der bedingungslosen Kapitulation Deutschlands eben nicht sein Ende fand, sondern in der Spaltung unseres Landes nur in anderer Form fortgeführt wurde. In Hitler, der ungeachtet seiner schweren psychopathologischen Charakterdeformierung – oder gerade deshalb – von Millionen Deutschen geachtet, verehrt und geliebt wurde, dem man schließlich bedingungslos gefolgt ist (Führer befiehl – wir folgen dir!), hatte sich offensichtlich etwas von der destruktiven Energie konzentriert und war Gestalt geworden, was sonst in vielen kleinen Portionen die Menschen plagte und ihre Beziehungen zerstörte. Am Ende hatten sich die unzähligen Stockungen und Blähungen des Gefühlsstaus zu einem gewaltigen Strom vereinen und in einem kollektiven Inferno entladen können. Es war die unbewußte, zerstörerische Katharsis, der epileptische Krampf eines ganzen Volkes, der nicht wirklich zur Einsicht, Erkenntnis und Befreiung führte. Dieser Vorgang kann sich jederzeit wiederholen, wenn nur genügend Energie sich wieder stauen muß, weil sie keinen natürlichen Ausgang mehr findet.

Die psychologischen Ursachen für diesen verheerenden Weltkrieg sind bis heute nicht wirklich verstanden oder gar aufgelöst worden – das schuldhafte Fehlverhalten wurde lediglich in zwei Lager geteilt und bekam damit neue Ziele der Entrüstung: die Kommunisten und die Kapitalisten! Es war eine umfassende Selbstverordnung von Feindbildern, um sich individuelle Schulderfahrung zu ersparen, die bei der Mehrheit der Bevölkerung als ein schmerzlicher emotionaler Läuterungsprozeß eben nicht stattfand. Mit dem »Aufbau des Sozialismus« einerseits und dem »Wirtschaftswunder« andererseits waren die destruktiven Kräfte rasch erneut gebunden.

Wenn wir die Vereinigung der beiden deutschen Staaten nicht als einen Sieg politischer Vernunft und nicht als den Freiheitswillen geknechteter Menschen mißdeuten würden, sondern als ein Signal der Geschichte begreifen könnten, daß wir als Folge unbewältigter und aufgestauter Aggressivität und in Haß umgewandelten

Schmerzes erneut in eine heiße Phase umfassender kollektiver Vernichtungswut eingetreten sind, dann bliebe vielleicht noch ein Rest Hoffnung, einer neuen Katastrophe zu wehren. Aber allein schon die Überzeugung, daß der »Holocaust« keine einmalige, einzigartig-unfaßbare Entartung menschlichen Zusammenlebens darstellt, sondern aus immer wieder gleichen Quellen Neuauflagen erfahren kann, wird so heftig abgewiesen, daß hilfreiche Erklärungen für dringend gebotene Strukturveränderungen in unserer Gesellschaft gar nicht erst ernsthaft zugelassen werden.

Mir ist auch klar geworden, daß nicht der Hitler-Faschismus allein den Krieg und Holocaust zu verantworten hat, sondern eine Ost-West-Gemenge-Lage, die in Deutschland nur den kritischen Punkt erreicht hatte und heute, geographisch nur leicht verlagert, im Nahen Osten, auf dem Balkan und dem Kaukasus, in Rostock und anderen deutschen Städten von derselben unerlösten Spannung der Menschen kündet. Der Kollaps des Ostens – unter anderem eine Folge der Hoch-Rüstung, die anstelle der fehlenden Ent-Rüstung der Menschen, die umfassende Perversion in Szene setzte – hat die Verschiebung des energetischen Konfliktpotentials auf die Nord-Süd-Achse endgültig demaskiert. Es ist noch nicht sicher, wo die destruktiven Kräfte kulminieren werden, doch Deutschland ist jedenfalls wieder kräftig dabei, sich um diese führende Rolle zu bewerben. Deutschland wird zur Zeit zu einer Drehscheibe von West-Ost auf Nord-Süd, vom ideologischen Streit zum Verteilungskampf. Früher standen sich Demokraten und Diktatoren, Manager und Bonzen, Werbefachleute und Propagandisten, Markt- und Planwirtschaftler unversöhnlich gegenüber, jetzt vor allem und immer mehr Reiche und Arme, Mächtige und Machtlose.

Ich schreibe dieses Buch gegen die Enttäuschung, gegen den ohnmächtigen Zorn und gegen die wachsende Angst, gegen die Mär von einer Revolution in Ostdeutschland, gegen einen entwürdigenden »Beitritt«, gegen eine gnadenlose Verwestlichung, gegen eine erneute umfassende Verschiebung und Verdrängung von Schuld in ganz Deutschland und für einen Funken von Hoffnung, der zwar kein Feuer der Liebe mehr entfachen wird und dem Weltbrand eines nicht mehr faßbaren ökologischen und sozialen Desasters keinen Einhalt gebieten kann, aber der »mein Apfelbäumchen« für Augenblicke aufscheinen lassen mag, bevor wir alle in unserem selbstverschuldeten Morast ersticken.

Seit der Wende in der DDR bin ich bemüht, psychotherapeutische Erfahrungen und Kenntnisse in die öffentliche und gesellschaftliche Diskussion zu bringen. Weder bin ich dabei so naiv zu glauben, allein mit psychologischen Kategorien die Welt erklären oder gar verändern zu können, noch halte ich es für realistisch, therapeutische Möglichkeiten im großen Stil aus dem speziellen Setting einer Klinik oder einer Sprechstunde in den gesellschaftlichen Alltag zu tragen. Wer dies meinen Äußerungen zu unterstellen versucht, ist wohl mehr Opfer seines eigenen Widerstandes gegen unangenehme intrapsychische Inspektion als an einer vertieften Erkenntnis interessiert. Mein Anliegen ist jedenfalls von der Überzeugung getragen, daß ohne Wissen und Berücksichtigung der psychologischen — vor allem der tiefenpsychologischen — Vorgänge im Menschen und in ihren Beziehungen miteinander, politische und wirtschaftliche Entscheidungen und Maßnahmen wenig Chancen haben, ihre vielleicht hoffnungsvollen und erwünschten Wirkungen auch wirklich zu erreichen. So werden häufig die besten Ideen zunichte gemacht, und die Politiker erschöpfen sich an den psychologischen Barrieren — die edelsten Ideale zerbröckeln schließlich am Widerstand der seelischen Starre. Dies hat den Sozialismus zerrieben, dies höhlt immer mehr die Glaubwürdigkeit des real existierenden Christentums aus, und dies hat schon längst die großen Werte von Demokratie und Freiheit ideologisiert, weil sie nicht mehr in den Seelen der Menschen wurzeln. Stattdessen ist Politik zum kurzlebigen Zweckoptimismus entartet. Politiker müssen ständig ihre Prognosen korrigieren, sich Fehler nachweisen lassen, um dann unverblümt neue und wiederum falsche Hoffnungen zu verbreiten. Das Volk braucht Versprechungen und will belogen sein, und die heutigen Politiker erfüllen diese Erwartungen, indem sie die Menschen grundsätzlich für unmündig halten mit der Überzeugung, daß man dem Volk bittere Wahrheiten nicht zumuten könne. Wir leben in einer Kultur der Illusionen: schön reden, positiv denken, harmonisieren, Mut machen, sich zurechtmachen und etwas darstellen. Das Leben braucht Kosmetik, Reklame und Vertrieb. Noch bevor der »Aufschwung Ost« richtig greift, sind die maroden Fassaden längst mit großen bunten Bildern illustriert.

Als Kinder sagten wir noch: »Oben hoi, unten pfoi!« Heute scheint es kaum noch jemand zu irritieren, wenn der Unrat nur äußerlich renoviert wird, statt sich von innen zu reinigen und zu erneuern.

Die so hoch gepriesene und heiß ersehnte »westliche Freiheit« ist zu einer bloßen äußeren Freiheit verkommen, für die der pervertierte Slogan »Freie Fahrt für freie Menschen« als typisches Muster gelten kann. Es ist die freie Fahrt in den sicheren Tod, die mit immer größerer Geschwindigkeit fortgesetzt wird, weil die innere Freiheit längst aufgegeben wurde. Das Denken und Fühlen, das sich nicht durch äußere Normen und Gebote fesseln läßt, sondern als authentischer Ausdruck des unverwechselbaren, je einmaligen individuellen Lebens immer wieder neue Erfahrungen und Kontakte ermöglicht, ist den meisten Menschen nicht mehr zugänglich. Die unerschöpfliche Fülle des subjektiven Erlebens mußte der genormten Einfalt äußerer Reize Platz machen. Die westlichen Industrienationen haben zwar eine Meisterschaft in der Kunst der vielfältigen Illusionen und der Simulation des Lebendigen erreicht und können so einem Millionen-Heer von Süchtigen die jeweilige Droge bieten, doch bleibt die Erregung krampfig, der Reiz wird schnell schal und erfährt nie die befreiende Wirkung wirklicher leib-seelischer Entspannung. Die künstlich erzeugten äußeren Bedürfnisse eines entfremdeten Wohlstandslebens brauchen eine ständige Dosissteigerung der verschiedenen Drogen, was schließlich die Ressourcen verschleudert, die Umwelt zerstört und die Beziehungen der Menschen entleert und alles vergiftet.

Der Sozialismus wollte Gleichheit und endete in einer verlogenen Gleichmacherei: Alle Menschen sind gleich, nur die oberen sind etwas gleicher. Und der Kapitalismus schützt die Freiheit der Bewegung und Reise, der Meinung und Rede, der Entwicklung und Entfaltung, der Pluralität, der öffentlichen Kritik und Kontrolle, nachdem das »freie Spiel der Kräfte« längst den Kräftigsten in allen Bereichen den entscheidenden Einfluß zugespielt hat. Nur wer aber der Macht der Moden, Trends und Booms widersteht, wer sein Prestige nicht an der Automarke und PS-Stärke mißt, nur wen der Glanz und die Ordnung von Nachbars Vorgarten kalt läßt und wer dem Reiz des Geldes nicht verfällt, wer keinem Guru oder Star Einfluß über sich einräumt und weder die Bibel noch das Kapital als Krücke gebraucht, der kann noch von Freiheit reden.

Die angstvolle Scheu vor einem tieferen psychologischen Verständnis der Beweggründe unseres Handelns und die arrogante Ignoranz der gegebenen menschlichen Grenzen haben auch den deutschen Vereinigungsprozeß derart mißraten lassen, daß wir allesamt vor einer Bewährungsprobe stehen, die wir psychisch und moralisch wohl kaum bewältigen werden. Dieses reiche und entwickelte Deutschland enthüllt zunehmend seine unbewältigte Problematik als eine Mißgestalt mit pekuniärer Wasserköpfigkeit, sozialer Herzschwäche und moralischer Retardierung.

Zwar wird immerhin von psychologischen Mauern — den »Mauern in den Köpfen« — gesprochen, doch längst schon wieder ist diese Metapher zu einer modischen Phrase abgewertet, ohne daß der tiefere Gehalt zu realpolitischen Konsequenzen geführt worden wäre. Ein wirkliches Verständnis der vereinten Deutschen füreinander — ein Verstehen, das Zuhören, Einfühlen, Akzeptieren und Tolerieren von Verschiedenheiten voraussetzen würde und dann bereit wäre, die eigenen Meinungen, die ja stark an die spezifischen Sozialisationsbedingungen gebunden sind, kritisch zur Disposition zu stellen und zu relativieren, hat als nennenswerte Größe in der Gesellschaft nicht stattgefunden. Sondern die einen haben Recht, sie wissen angeblich alles und bestimmen folglich, und die anderen müssen — wie eh und je — sich fügen, anpassen und möglichst rasch herausfinden, was jetzt die richtige Ansicht von den Dingen ist und welches Verhalten dazu paßt. Dies ist das Beschämendste. Und es ist auch sehr gefährlich. Wenn wir wenigstens richtig streiten würden, dann käme etwas von der Energie an die Oberfläche, die wir erneut zurückhalten und verbergen, die aber den Haß und damit die Vorurteile und die wachsende innere oder äußere Gewaltbereitschaft schüren wird.

Zwischen Ost und West ist eine Streit- oder gar Dialogkultur überhaupt nicht erst entwickelt worden, ja nicht einmal die Spielregeln einer pluralen Gesellschaft werden geachtet: Daß politische Gegner, zerstrittene Partner, verschiedene Interessengruppen und Lobbyisten jeder für sich irgendwie recht haben und jeder für sich jeweils gute Argumente beanspruchen können, so daß Pro und Kontra ausgewogen sind: selbst dieses Spiel von Teilwahrheiten, subjektiv gefärbten Perspektiven, das gleichberechtigte Nebeneinander verschiedener Meinungen und Interessen — das alles ist in Frage gestellt und muß einem wachsenden feindseligen Sich-Abgrenzen, einem gegenseitigen Verdächtigen und Beschimpfen und einem wechselseitigen Beschuldigen Platz machen. *Du bist schuld, daß ich ...* — ist das vorherrschende Motto unseres gesellschaftlichen Zusammenlebens.

Die Einheit verkommt zu einem Schwarzen-Peter-Spiel, zu einem Ränkespiel umfassender Schuldverschiebung. Auf erweiterter Ebene wird der Vereinigungsprozeß von den gleichen Mechanismen beherrscht, mit denen Eltern ihre Kinder zu braven Neurotikern manipulieren, mit denen sich bedürftige Partner wechselseitig tyrannisieren und ihre unglücklichen Kindheitserfahrungen aneinander ewig wiederholen. So schafft sich die Leistungsgesellschaft ihre süchtigen Produzenten und Konsumenten, und so delegiert der Untertan die Verantwortung für sein Leben an die Mächtigen, und jeder von uns ist nur allzu gern bereit, die Schuld für eigenes Unglück, Mißerfolg und Leiden dem Nächsten oder einfach nur den Bedingungen anzuhängen. Und der geeignete Nächste ist meist eine Stufe niedriger in der sozialen Hierarchie aufzufinden.

In Deutschland hat diese Schuldverschiebung im Augenblick Hochkonjunktur: Der »Besserwessi« kolonialisiert die ehemalige DDR, und der »Jammerossi« verdirbt den schönen Erfolg, der mit den Milliardensummen ja selbstverständlich hätte erwartet werden können. Und als gemeinsamer Sündenbock bleiben natürlich immer noch die Ausländer und die Stasi.

Die Schwierigkeiten der deutsch-deutschen Verständigung, die Gefahr zunehmender Radikalisierung und rassistischer Abwehr lassen erneut nach psychologischen Hintergründen fragen, deren Erhellung eine sinnvolle Hilfe und Orientierung für notwendige Entscheidungen abgeben könnte.

Wenn während der Existenz der DDR Ängstigung und Angst als zentrale psychosoziale Mechanismen angesehen werden müssen, mit denen die Mächtigen sich, wenn schon nicht Respekt, so doch wenigstens jahrzehntelanges Stillhalten, Duckmäusertum und Mitläuferwilligkeit gesichert haben, und der größte Teil der Bevölkerung, wenn schon nicht freie psychische Entwicklung, so doch orientierenden Halt und beruhigende Sicherheit bei Anpassung und Unterwerfung garantiert bekam, so kann die Perversion des Systems mit der Gleichung: *Einschüchterung = Sicherheit* beschrieben werden.

Diese fragwürdige Basis eines entmündigenden Untertanenstaates hat sich mit der DDR gottseidank aufgelöst, aber die psychosozialen Wurzeln sind damit längst noch nicht herausgerissen, ja sie sind noch nicht einmal aufgedeckt, so daß sie immer noch Kraft aus dem gesellschaftlichen Nährboden autoritärer Strukturen saugen können.

2. Der ungelöste Gefühlsstau

Hätten wir uns eine Chance gegeben, unseren Gefühlsstau wahrzunehmen und aufzulösen oder wenigstens zu vermindern, dann hätte sich latente irrationale Angst in angemessenen Zorn, in berechtigten Schmerz und in Trauer auflösen lassen. Da wir es aber vorgezogen haben, den bequemeren, aber illusionären Weg der Erwartung auf Erlösung von oben und außen zu gehen, so findet jetzt ein umfassender Prozeß der Transformation von Angst in Schuldzuweisung statt.

Angst ist eine wichtige, das Überleben der Kreatur sichernde Reaktion, ein instinktiver Schutz zur Abwendung drohender Gefahr. Flucht oder Angriff hält die Natur dafür als sinnvolle Handlungsalternativen bereit. Doch der Mensch hat noch eine dritte Möglichkeit gefunden, die neurotische Variante, die inzwischen wohl häufigste Reaktion, die das Tier nur unter extremen Laborbedingungen zu entwickeln bereit ist. Bereits Pawlow hat uns gezeigt, daß auch Tiere in der Lage sind, neurotisch zu reagieren, wenn sie zu gleicher Zeit entgegengesetzten Reizen ausgesetzt werden, so zum Beispiel Nahrung und Elektroschocks. Wenn also in Aussicht gestellte biologische Bedürfnisbefriedigung gleichzeitig mit schmerzvoller Ängstigung ohne Ausweichmöglichkeit angeboten wird, dann geschieht auch bei Tieren das, was heute als Massenerscheinung den Alltag der Menschen bestimmt: Nervosität, Gereiztheit, Angriffslust und eine Vielzahl von funktionellen Fehlreaktionen und psychosomatischen Störungen. Solche extremen Bedingungen gehören beim Menschen heute schon in seiner frühen Kindheit eher zur Regel als zur Ausnahme: das nicht gewollte oder nicht wirklich angenommene, das nicht geliebte und nicht umfassend befriedigte oder das für die Bedürfnisse der Eltern mißbrauchte Kind ist ein Massenphänomen! Und damit verbindet sich eine verhängnisvolle Doppelbotschaft: Wir haben dich gezeugt und geboren, wir haben dich gewollt, und wir wollen dich nicht so, wie du bist! Du lebst ein eigenes Leben, aber wir erwarten von dir, daß du unseren Vorstellungen entsprichst. Wie soll man damit zurechtkommen?

Wie ein Kind akzeptiert ist, wie auf seine Bedürfnisse eingegangen, wie sicher, zuverlässig, umfassend und angemessen Befriedigung erfahren wird, dies konstituiert im wesentlichen das weitere

Schicksal des Menschen. Und wir Menschen sind »Nesthocker«, wir sind auf Gedeih und Verderb Ausgesetzte und Angewiesene, die zwar lebensbedrohliche Gefahr von Anfang an wahrnehmen, aber nicht ohne Hilfe von Beziehungspersonen bewältigen können. Flucht ist, anfangs zumindestens, ausgeschlossen, und Angriff ist nur vermittels emotionalen Protestes durch Schreien, Weinen, Strampeln, in die Hosen machen und drauf Kotzen möglich. Und wenn diese berechtigten Gefühlsreaktionen auf das Unvermögen der Umwelt auch noch unterdrückt werden, dann bleibt nur noch der Rückzug nach innen, in die Krankheit, in die ohnmächtige Verzweiflung und Verweigerung.

Der Mensch hat dazu einen gnadenvollen seelischen Trick zur Verfügung, der zwar letztlich verheerende Folgen hat, aber zunächst jedenfalls das Überleben sichert: Er befindet sich selbst für unzulänglich und in der Folge für schuldig. Er phantasiert eigenes Versagen, bauscht seine Fehler auf oder erfindet ein persönliches Ungenügen, um nur ja die wahren Ursachen nicht zur Kenntnis nehmen zu müssen. Es kann nicht sein, daß die, von deren Liebe man völlig abhängig ist, böse sind. Wie wäre dann noch die für das Leben so wichtige, überlebenswichtige Liebe zu sichern? Der Säugling kann noch nicht die Spannung der Gleichzeitigkeit von Gut und Böse in einer geliebten Person aushalten. Es gibt für ihn entweder die nur »gute Mutter« oder die nur »böse Mutter«, und um sich das ausschließlich Gute wider alle anderen Wahrnehmungen zu erhalten, muß das Böse ausgeblendet, abgespalten und verdrängt werden. Das Entweder-Oder ist eine infantile Alternativhaltung, die unsere Kultur prägt und die als Fixierung im Leben der Erwachsenen noch häufig anzutreffen und für unzählig viele feindselige Konflikte verantwortlich ist: Entweder du bist für uns oder du bist gegen uns, entweder du bist für den Frieden oder du bist für den Krieg, entweder du akzeptierst unsere Haltung oder du mußt gehen, entweder du beugst dich diesen Dogmen oder du bist nicht im rechten Glauben und du bist in Sünde – entweder du oder ich, das ist das Gesetz der Macht und des Marktes.

Für die kindliche Seele ist die Liebe das Leben und das Böse der Tod und so würde die Wahrnehmung von etwas Bösem an den Eltern einen lebensbedrohlichen Schock auslösen. Und wenn das Ignorieren zum Schutz nicht mehr ausreicht, dann folgt die verzweifelte Einrede: »Das kann nur an mir liegen, daß ich nicht richtig geliebt werde!« – mit der eine unfaßbare Ahnung beseitigt und mit dieser tragischen Verschiebung gegen sich selbst das Überleben gesichert werden will. So wird die Mangelerfahrung (das unerträglich Böse als fremde unberechenbare Macht) in Schuldgefühle (in erträgliches, selbst zu verantwortendes und damit berechenbares Leiden) abgemildert, um dann später in Krankheiten wiederzukehren oder ganz und gar im irrationalen Kampf gegen das Fremde und Andersartige wieder veräußert zu werden.

Damit ist der Basisweg aller späteren Formen der Verschiebung und Verdrängung von Schuld gebahnt – immer von den wirklichen Verhältnissen und Tätern weg. Wirkliche Schuld wird nicht mehr wahrgenommen, sondern entweder als Schuldgefühl gegen sich selbst (in der depressiven Form: *ich bin schuld, daß ...* – ich habe versagt!) oder in der aggressiven Form: *du bist schuld, daß ...* gegen andere, die schwach und wehrlos sind, gerichtet. So werden Sündenböcke zum Abfluß der berechtigten Aggressivität in einer vollkommen ungerechten Weise mißbraucht. Damit erfährt die Entwicklung eines moralischen Empfindens eine schwere Beschädigung: Die Schuld der wahren Verursacher wird vertuscht (aus Überlebensgründen!), bis sie schließlich nicht mehr wahrgenommen wird – an ihre Stelle treten schädigende Selbstbezichtigung und falsche Fremdbeschuldigung. Eine moralische Integrität kann nur aus der Übereinstimmung der ungetrübten Wahrnehmung mit dem wirklichen Geschehen wachsen, wenn Gutes als gut und Böses als bös empfunden, ausgedrückt und bestätigt werden.

Man darf ruhig die meisten heutigen Eltern als die Durchschnittsvariante der Pawlowschen Extrembedingungen verstehen: Sie üben eine Doppelfunktion aus als angsterzeugende Monster einerseits, wenn sie zur Einfühlung, Befriedigung und Bestätigung nicht in der Lage, nicht bereit sind oder sich dazu keine Zeit lassen, und zugleich werden sie andererseits stets als sehnsuchts- und hoffnungsbesetzte Erlöser und Befreier angesehen, als mögliche Quelle der Befriedigung, die im ungestillten Zustand wegen der hilflosen Abhängigkeit nicht einfach aufgegeben oder gegen eine bessere ausgetauscht werden kann. Und hin und wieder sprudelt diese Quelle ja auch, doch eben nach anderen, für das Kind meist unberechenbaren Regeln und Voraussetzungen, nach denen der Eltern nämlich, die sich der Macht des Kindes entziehen und von Anfang an fremde Rhythmen und Bedingungen aufoktroyieren. Ich habe schon in meinem Buch *Der Gefühlsstau* zu beschreiben versucht, wie die menschliche Bedürftigkeit und ihre nie sichere Erfüllung durch meist selbst bedürftige Eltern in einer hochgradig entfremdeten Welt die ständige Reproduktion der seelischen Not erzwingt.

In meiner therapeutischen Arbeit bin ich immer wieder zutiefst erschüttert, wenn nach langer Vorbereitung, nach einem mühevollen Annäherungsprozeß schließlich die ganze Wahrheit über die frühen Erfahrungen zugelassen wird: Da bricht ein panikartiges Entsetzen aus dem Menschen heraus, das immer noch die frühe Todesgefahr erlebnismäßig übermittelt. Da leben Menschen scheinbar zufrieden und erfolgreich, wenn nicht irgendwann ein Symptom oder Konflikt als Signal anzeigt, daß ganz im Verborgenen ein »Brand« schwelt, der um alles in der Welt nie wieder auflodern soll, weil es einfach zu unerträglich ist. Wie eine verschworene Gemeinschaft haben wir uns Strukturen gegeben, die einem gemeinsamen Dienst verpflichtet sind: die Wahrheit zu verleugnen und von der Bewußtwerdung auszuschließen. Da ist die Leistungsgesellschaft mit ihren zwanghaften Pflichten und süchtigen Zerstreuungen, die Medizin mit ihren symptomatischen Dämpfungsmaßnahmen, die Psychotherapie mit ihren Entspannungs- und Tröstungsangeboten, mit der Ideologie vom »positiven Denken« und der »Förderung des Guten«, das Christentum mit dem verlogenen Erlösungsversprechen (es ist schlimm, aber sei getrost ...) und die betroffenen Menschen mit ihrer dumpfen Ahnung existentieller Bedrohung und tiefster schmerzlicher Erschütterung, die nach Trost, Versprechungen, Illusionen, Verheißungen und Erlösungen nahezu gieren.

Aber der Schwelbrand bleibt nicht ohne Folgen. Er zerfrißt die Gesundheit, er schürt Konflikte, er liefert die für Kämpfe und Kriege notwendige Aggressivität und zwingt uns eine Vielfalt von süchtigen Ablenkungs- und Kompensationsmechanismen auf, mit denen wir schließlich unsere Umwelt zerstören. Die meisten Menschen in unserem Kulturkreis tragen Erfahrungen in sich, die so ängstigend sind, daß sie um alles in der Welt verborgen bleiben sollen. Die Strukturierung unseres gesellschaftlichen Lebens ließe sich auch aus dieser Perspektive beschreiben: im Dienste der Abwehr unserer latenten Angst. Und jeder einzelne Mensch findet seine speziellen Methoden der Ablenkung (zum Beispiel Zerstreuung), der Dämpfung (zum Beispiel Alkohol, Nikotin, Medikamente, Drogen) und Kompensation (zum Beispiel Leistung) und schließlich auch des Ausagierens (zum Beispiel Gewalt, Konsum, Macht). Von Zeit zu Zeit scheinen sich diese individuellen Entlastungsmöglichkeiten einzuschwingen in eine kollektive Katharsis (zum Beispiel Kriege, Pogrome, Lynchexzesse) entlang der durch die jeweiligen politischen und sozialen Bedingungen vorgegebenen Leitschienen.

Mir scheint, daß wir uns einer solchen Zeit wieder nähern. Der Gefühlsstau, der sich zuletzt im Zweiten Weltkrieg verheerend destruktiv entladen hat, erreicht allmählich wieder eine kritische Schwelle. Wir können diesen Prozeß im Moment in Deutschland noch wie in einem Labor beobachten, vor unseren Türen ist er bereits wieder offen ausgebrochen (siehe Jugoslawien). Der Ost-West-Konflikt hatte destruktive Energien gebunden, diese Kompensationsfunktion ist erschöpft. Jetzt suchen die anwachsenden, überschüssigen destruktiven Energien neue Anlässe und vor allem neue Träger, also Opfer, die Anlaß zur energetischen Entladung geben sollen. Anhand der momentanen rasch wachsenden Sündenbocksuche läßt sich dieses Geschehen relativ gut aufzeigen. Schuldverschiebungen sollen sowohl rationale Begründungen wie auch emotionale Affekte transportieren, sie sind sozusagen die Vorübungen, bis man sich auf den neuen »Juden« als Hauptsündenbock eingeschossen hat. Im Moment sind es gerade noch die inoffiziellen Mitarbeiter der Stasi und auch die jeweils anderen Deutschen, schon kündigt sich aber der mörderische Haß auf Ausländer an, und am Ende werden es die Armen sein, bevor wir dann in die neue selbstorganisierte Katastrophe stürzen.

Ich habe mir vorgenommen, diesen Prozeß solange ich kann, analysierend und beschreibend zu begleiten. Ich sehe das als einen relativ hilflosen Versuch, meine eigene Ohnmacht und Angst etwas abzumildern, immer verbunden mit einem Rest fast magischer Hoffnung, durch das Aussprechen das Unvermeidbare doch noch zu bannen.

Die Entrüstungswelle, die jetzt durch unser Land geht, ist nur ein mickriges Ventil und steht vor allem im Dienste einer gefährlichen Ablenkung und Verschiebung, sie ist ein erbärmlicher und verlogener Ersatz für die notwendige echte Entrüstung über unsere Lebensverhältnisse, die uns in eine Entfremdung zwingen, mit der wir uns und andere zugrunde richten.

3. Schuld und Schuldgefühle

Angst und Schuldgefühle sind die unvermeidbaren seelischen Folgen repressiver Erziehung. Sie sind der Hintergrund, vor dem vielen Menschen das Leben zur Last wird, der ihnen die Lebensfreude vergällt und ihre Vitalität austrocknet.

Angst und Schuldgefühle sind vor allem die seelischen Bremsen, die den Ausstieg aus einer destruktiven Lebensform verhindern. Repressive Erziehung hat die Anpassung an jene Normen zum Ziel, mit denen autoritäre Macht aufgebaut, gesichert und legitimiert werden soll. Es ist dabei unerheblich, in welches übergeordnete Moralsystem diese Normen eingebettet sind. Nahezu 2000 Jahre Kirchengeschichte und 70 Jahre Sozialismus haben uns gelehrt, daß die größten Ideen, die die Menschheit hervorgebracht hat, ins glatte Gegenteil verkehrt werden, wenn das Herz durch die Macht ersetzt wird. Und die Macht erscheint immer konkret, sie beginnt bei den Eltern und setzt sich über die ganze Stufenleiter der gesellschaftlichen Zurichtungsmechanismen von Kindergärtnerinnen über die Lehrer, Ärzte, Pastoren bis zu den Politikern und wirtschaftlichen, bzw. militärischen Interessen- und Entscheidungsträgern fort.

Es ist für die folgenden Betrachtungen auch unwesentlich, ob die Anpassung an den fremden Willen durch Unterwerfung oder Manipulation, durch unverhüllte polizeistaatliche Gewalt oder durch erfolgs- und gewinnorientierte Marktgesetze geschieht. So macht es auch keinen großen Unterschied, ob die Eltern ihren Willen durch Schläge oder durch Liebesentzug oder gar nur durch fehlendes Interesse, mangelnde Einfühlung oder bloße Abwesenheit durchsetzen. Der Anpassungsdruck ist durchaus vergleichbar.

Schuldgefühle werden auf vielfältige Weise erzeugt, immer aber gibt es ein komplexes Zusammenspiel von Vernachlässigung und Liebesentzug, moralischer Funktionalisierung der Liebe im Loben und Tadeln und der Nötigung zu Regeln und Normen, die nie gut und umfassend genug erfüllt werden können. Ist dieser Prozeß erst einmal in Gang gekommen, entstehen ein permanentes Gefühl des Ungenügens, des Versagens und des schlechten Gewissens, die eine zunehmende Entleerung der Persönlichkeit, die Abspaltung von ihrem natürlichen Triebgrund und auch die Entfremdung von allen Normen zurücklassen, die aus dem Urbild der Liebe entspringen.

Damit ist ein wichtiger Ansporn zu einem Kreislauf immer weiterer Anstrengungen geschaffen worden, um Liebe und Anerkennung in der Erfüllung äußerer Normen zu gewinnen. Aber selbst, wenn eine Erwartung hervorragend erfüllt wurde, erfolgt lediglich die äußere Anerkennung für die lobenswerte Leistung (z. B. durch gute Zensuren, Auszeichnung, Siegesprämie, Orden, einen Preis), wodurch aber keine wirkliche innere leib-seelische Entspannung ermöglicht wird. Und da fremde Erwartungen erfüllt werden sollen, müssen individuelle Möglichkeiten vernachlässigt, natürliche Wünsche und Regungen unterdrückt und persönliche Grenzen mißachtet werden, wodurch eine tiefe Unzufriedenheit und Spannung selbst bei allem äußeren Erfolg übrigbleiben. Und das setzt schon wieder die nächste Anstrengung in Gang, um vielleicht doch noch die erhoffte Erlösung zu erreichen. So bekommt das durchschnittliche Leben einen Suchtcharakter. Die wirkliche Befriedigung findet nicht mehr statt, die zurückbleibende Spannung treibt den Menschen immer tiefer in die Abhängigkeit von den vorgegebenen »richtigen« Verhaltensweisen.

Auf diese sich vollziehende Entfremdung des Seelenlebens wollen Gefühle aufmerksam machen, sie deuten den seelischen Spannungszustand an. Für die weitere Entwicklung des heranwachsenden Menschen ist es jetzt entscheidend, ob er seine Befindlichkeit wahrnehmen und ausdrücken lernt und darin auch Erlaubnis und Förderung erfährt und sich akzeptiert und bestätigt erlebt oder ob seine Befindlichkeiten gering geschätzt, die Wahrnehmungen nicht ernst genommen und der Gefühlsausdruck verboten werden.

In unserer Kultur werden die Menschen dazu erzogen, ihre Befindlichkeiten zu verstecken oder zu leugnen, sich über belastende Zustände schnell hinwegzutrösten und unangenehme Gefühle zu unterdrücken. Aber nur, wenn Befindlichkeit, Wahrnehmung und Gefühlsausdruck mit der Antwort und Reaktion der Umwelt adäquat korrespondieren, wird dadurch eine bestätigende Welterfahrung vermittelt: Ich bin richtig, was ich fühle ist in Ordnung, Innen- und Außenwelt stimmen überein. Das ist etwas völlig anderes als ein aufgesetztes »positives Denken«. Darf also die subjektive Befindlichkeit gelten und wird sogar noch einfühlend akzeptiert, dann wächst ein Grundgefühl von Selbstbewußtsein, Selbstsicherheit und Vertrauen. Andernfalls aber, wenn es ständig Besserwissende gibt, die so auftreten, als wüßten sie, was für einen Menschen »richtig« zu denken und zu fühlen sei und dies vor allem mittels Erziehung, also durch Lob und Tadel, durch tendenziöse Zuwendung und Ablehnung durchzusetzen verstehen, wachsen Unsicherheit, Verwirrung, Minderwertigkeitsgefühle und der ständig nagende Zweifel, inwieweit die eigenen Wahrnehmungen auch in Ordnung sind. Diesen konfliktreichen Spannungszustand mildert sich der Mensch in der Regel dadurch, daß er die Wahrnehmung seiner eigenen Befindlichkeit unterdrückt und bemüht ist, herauszufinden, was von ihm erwartet wird, um sich die Gnade der Annahme und Bestätigung zu verdienen.

Das Auseinanderklaffen der inneren Wahrnehmung und der äußeren Bestätigung ist also nicht nur Ausdruck der sich vollziehenden Selbstentfremdung, sondern auch die psychologische Wurzel für jeden Untertanengeist und seine conditio sine qua non: die Außenlenkung des einzelnen. So konstituiert sie einen ewigen und zermürbenden Kampf, sich selbst nach den Erwartungen der Mächtigen umzuformen.

Als geschickte Überlebenstaktiken, die die »Macht« gnädig stimmen sollen, fördern Schuldgefühle also Anpassung und Unterwerfungsbereitschaft. Und dies ist keine Einbahnstraße: Das Selbsterhaltungsinteresse der Macht und ihr Bestreben nach Steigerung entspricht aufs genaueste den Schuldgefühlen bei der Masse der Abhängigen. Jede historische Betrachtung lehrt, daß auf jeder Stufe der Machtausübung, Schuldgefühle nicht nur ein willkommenes Mittel zur Durchsetzung von Herrschaftsinteressen sind, sondern auch umgekehrt die Macht stärken, ermutigen und verändern. Je unterwerfungsbereiter die Menschen sind, umso verheerender zeigt sich das Gesicht der Macht. Diese Erfahrung haben wir Deutschen in diesem Jahrhundert schon zwei-, ja sogar dreimal gemacht, und da dürfen wir nicht zur Tagesordnung übergehen.

Dies ist auch der Punkt, wo Schuldgefühle zur Ursache von Schuld werden. Unterwerfung muß moralisch verächtlich gemacht werden, wenn wir politisch überleben wollen. Und Unterwerfung fängt im Kleinsten an, Schuldgefühle werden über die autoritäre Pädagogik auf die ganze Gesellschaft verteilt und an die nächste Generation weitergegeben. So werden Schuldgefühle zu unbewußten Verursachern von Schuld, so werden Kinder zu schuldlos Schuldigen, so werden aus Opfern Täter.

Beim Stand dieser Überlegungen wird es notwendig, den entscheidenden Unterschied zwischen (neurotischen) Schuldgefühlen und (realer) Schuld hervorzuheben. Eine Hauptquelle für soziale Verwirrung in den menschlichen Beziehungen und für gesellschaftliche Fehlentwicklung stammt aus der Verwechslung dieser sehr verschiedenen seelischen Zustände. Von neurotischen Schuldgefühlen sind heute die meisten Menschen geplagt. Schuldgefühle sind zum wichtigsten Antrieb für entfremdete Arbeit, übermäßige Leistungen, für ungesunde Pflichten und Strapazen geworden, und es besteht kaum eine Scheu oder Hemmung, sich die Inhalte dieser Schuldgefühle selber vorzuwerfen, z. B.: Ich bin nicht gut genug, nicht so schön und tüchtig, nicht so flexibel und dynamisch, nicht so erfolgreich und durchsetzungsfähig, wie ich eigentlich sein müßte — ich müßte auch perfekter, gründlicher, zuverlässiger, stärker, mutiger sein. Solche »Antreiber« sitzen als tiefe Stacheln in unserem »Fleisch« und lassen uns rotieren, ohne daß wir je zufrieden innehalten könnten mit dem befreienden Gefühl: Ich bin wirklich gut und liebenswert.

Selbst ein Erfolg führt eben nicht zur befreienden Entspannung, sondern löst in der Regel bereits die nächste Anstrengung aus, um die Lebensberechtigung ja nicht zu verspielen. Es ist ein Teufelskreis von Hoffnung, Anstrengung, Ernüchterung, Resignation, Angst und Schuldgefühlen, die schließlich zum neuen verzweifelten Bemühen antreiben. Aber darüber reden, klagen und schimpfen die Menschen relativ gern, ganz im Gegensatz zu ihrer wirklichen Schuld, die sie nur selten empfinden, wahrnehmen und mitteilen, obwohl dazu ungleich mehr Anlaß wäre, als sich mit Schuldgefühlen unnütz zu plagen. Doch massenhaft produzierte Schuldgefühle sind eben der Motor für gesellschaftliche Fehlentwicklungen, die willfährige Untertanen, gehorsame Soldaten, tüchtige Produzenten und süchtige Konsumenten für ihre Entfaltung brauchen. Dagegen wäre eingestandene und durchlittene Schuld der Ausstieg aus solchen destruktiven Lebensformen.

Es ist gar nicht so einfach, Schuld und Schuldgefühle phänomenologisch zu trennen, ja selbst vom »Schuldigen« wird sein Zustand gerne verwechselt. Es gibt subjektive Schuldgefühle und einen Schuldschmerz, dem keine wirkliche Schuld zugrunde liegt, und es gibt reale Schuld, ohne daß ein Schuldgefühl oder Schuldbewußtsein besteht. Viele Menschen fühlen sich häufig unschuldig schuldig und die wirklich Schuldigen verleugnen ihre Schuld, ja ahnen mitunter gar nichts von ihrem schuldigen Tun. Schuldgefühle erkennt man mehr an der Art und Weise, wie sie vorgetragen werden als an ihrem Inhalt. Sie lösen beim (gesunden) Gegenüber meist ein Gefühl der Belästigung aus: Das jammervoll Leidende, die Penetranz der Klage, die nichtabschwellende Leidenslast, die Aufmerksamkeit erheischende und sinnlosen Trost provozierende Befindlichkeit geben Hinweis auf den neurotischen Charakter. Schuldgefühle werden meist nicht versteckt, sondern eher betont. Sie gestalten Larmoyanz, Wehleidigkeit und Klagsamkeit aus, und in sozialen Beziehungen sind sie lästig, an ihnen erstickt jeder Spaß, sie verhindern Freude und Lust, sie verursachen eine bedrückende Atmosphäre, einen Mief von Vorwurf, Anstrengung, Last, Entschuldigungen, Ängsten und verdeckter Aggressivität. Schuldgefühle vergiften die Beziehungen.

Wirkliche Schuld dagegen wird gerne verborgen, verdrängt, rationalisiert und ideologisiert. Meist wird sie abgespalten und unbewußt auf andere projiziert. Wird diese Schuld aber wirklich zugelassen und erlebt, wirkt sie wie jeder echte Gefühlszustand ansteckend: Unweigerlich werden schmerzliche Zustände von Ohnmacht, Verzweiflung und Entsetzen im Gegenüber ausgelöst, was allerdings nach tiefer Erschütterung schließlich auf beiden Seiten deutliche Entspannung und befreiende Erleichterung trotz allen unveränderbaren Schuldig-Geworden-Seins erlaubt. Natürlich muß der Gesprächspartner über eigene tiefe Schulderfahrung verfügen und dies nicht mehr abwehren müssen, sonst würde er unweigerlich das Gespräch stoppen oder in eine andere Richtung lenken, wenn der Schuldige sich wirklich offenbaren möchte.

Dies möchte ich besonders betonen, daß Schulderfahrung und -bekenntnis vor allem ein emotionaler Vorgang ist, getragen von Schmerz, Bitterkeit, Verzweiflung und tiefer Erschütterung. Dadurch, daß der Schmerz der Schulderfahrung wirklich anrührt und betroffen macht, wird der Beziehungspartner in die Lage versetzt, wirklich vergeben zu können. Schuldige erkennen sich auf diese Weise miteinander. Nur das Wissen um eigene Schuld und die selbsterfahrene tiefe Erschütterung durch Schulderkenntnis schaffen den Boden für Verzeihen und Versöhnen.

Zwischen einem solchen Geschehen und dem christlich-ritualisierten Schuldbekenntnis mit der zugesprochenen Vergebung oder der von den kommunistischen Parteien geforderten Selbstkritik oder der aufgenötigen Reue und Entschuldigung bei autoritärer Erziehung liegen Welten. Nur die emotionale Entlastung nach wirklich durchlittener Schuld schafft die Voraussetzung für echte Buße und erlebte Vergebung. Dagegen verstärken abgerungene Reue und geheuchelte Vergebung nur Schuldgefühle. Das gilt auch für unser Rechtssystem und den Strafvollzug. Wenn dies nicht bloß zur »technischen« Bekämpfung der Kriminalität oder gar zur institutionalisierten Rache degenerieren soll, muß sie Methoden der psychosozialen Resozialisierung entwickeln.

Jeder mag für sich den Vergleich anstellen, wie sehr er sein Leben nach Forderungen ausrichtet wie: *Du sollst...; Du mußt...; Du darfst nicht...* — Forderungen also, die sich am Erfolg, an Effizienz und Stärke, an Sieg und Überlegenheit, an Beherrschung, Kontrolle, Gehorsam, Ordnung und Disziplin, an Tüchtigkeit und Perfektionismus, an Macht und Ruhm, an Geltung und Geld, an Besitz und Haben orientieren. Solche Forderungen und Werte ziehen in der Regel Schuldgefühle nach sich. Dagegen wird zwangsläufig schuldig derjenige, der seine eigenen Bedürfnisse verleugnet, seine Gefühle unterdrückt, seine Gedanken verbirgt, die eigenen Fehler vertuscht, seine Absichten verschleiert, seine Vergangenheit verklärt, die Gegenwart verzerrt und die Zukunft mit der rosaroten Brille des hohlen Optimismus als nur hoffnungsvoll phantasiert.

Wir brauchen nur bei uns anzufangen und die wesentlichen Grundbedürfnisse des Menschen durchzubuchstabieren, um uns das Ausmaß unserer Schuld zu verdeutlichen: Wir atmen zu oberflächlich und häufig nur noch schadstoffreiche Luft. Wir ernähren uns falsch: zu viel, zu süß, zu fett und meist nur noch denaturierte und übermäßig schadstoffbelastete Lebensmittel. Wir bewegen uns zu wenig und zu einseitig, wir lassen uns bewegen äußerlich durch Verkehrsmittel und innerlich durch Streß ohne hinreichende Abfuhr. Wir beachten nicht mehr unsere natürlichen Rhythmen, wir putschen uns auf, wenn wir müde sind und sedieren uns, wenn uns Unruhe und Schlaflosigkeit plagen. Unsere Sexualität koppeln wir immer mehr von der Liebe ab. Technik, Leistungshaltung und Pornographie sollen ersetzen, was an lustvoller Hingabefähigkeit verloren gegangen ist, und gar nicht so selten bleibt Sexualität auch heute noch gemäß der christlich-asketischen Tradition und der repressiven Erziehung schuldbehaftet. Und dabei lenken wir uns permanent von den inneren Vorgängen ab, gar nicht zu reden wie sehr die Allerweltströster (Alkohol, Nikotin, Kaffee) unseren verlorenen Rhythmus ausgleichen sollen. Wem das lächerlich erscheint, der hat keine Ahnung von den seelischen Spannungen, denen wir durch

Überformung und Verleugnung der natürlichen Bedürfnisse sowie ihrer bloß kompensatorischen Befriedigung ausgesetzt sind — allein eine Nacht Stromausfall oder einige Stunden ohne Fernsehen könnten das Land bereits in ein Tollhaus verwandeln.

Der seelische Untergrund unserer sogenannten Zivilisation ist zu blindem Egoismus, gierigem Habenwollen und schwer zu kontrollierendem Haß degeneriert. Je entfremdeter die Menschen in ihren Seelen sind, desto stärker werden ihre destruktiven Reaktionen sein und umso furchterregender werden die Mittel sich gestalten, mit denen die Gesellschaft diese destruktiven Kräfte in Schach zu halten, zu bannen oder auszuagieren versucht. Und für diese psychologischen Mechanismen, für diesen Teufelskreis aus Entfremdung und Macht sind wir durchaus verantwortlich.

Aber noch etwas anderes ist in diesem Zusammenhang wichtig. Jede Therapiestunde beweist mir aufs Neue, daß ein psychisch »freier« Mensch, weder fähig noch willens ist, repressive Normen zu erfüllen oder sie anderen aufzuzwängen. Es gibt da eben so etwas wie eine natürliche Moral, die jenseits der seelischen Entfremdung wieder auftaucht und aus dem ungebrochenen Verhältnis zu sich selbst entspringt. Wer sich nicht lieben kann, kann keinen anderen lieben, wer sich nicht in die Augen schauen kann, kann dem Du im anderen nicht begegnen, und dadurch wird die Erfüllung aller sozialen, auf die Würde des anderen Menschen gerichteten Normen tief gestört. Da muß dann Ersatz her: statt Liebe Geld und statt Anerkennung um seiner selbst willen Prestige, das man durch Erfüllung rein äußerlicher Ersatznormen erlangt — Fleiß, Tüchtigkeit, Stärke, Reichtum, Anständigkeit usw. So wird der Grund für soziale Schuld gelegt, vom einfachen Verrat bis hin zum organisierten Massenmord und dem das erst ermöglichende Mitläufertum.

Aber wer sich selbst liebt, sich in seiner Begrenztheit und Fehlbarkeit annehmen kann und sich unverstellt-authentisch zu zeigen wagt, der liebt auch fremde Menschen und versteht deren Fehler und achtet ihre Grenzen. Ein solcher spricht: Ich mag dich, aber dies gefällt mir nicht und macht mir Angst und laß uns Möglichkeiten finden, miteinander auszukommen, obwohl wir so verschieden sind. Es gibt ein tiefes natürliches Bedürfnis nach Verbundenheit, nach Verständigung, nach Klärung — stets den Streit und das wechselseitige sich Abgrenzen eingeschlossen. Wer Glück gehabt hat, dem sind solche Chancen, dies zu erleben, mit in die Wiege gelegt worden, den meisten aber wurde diese Erfahrung verwehrt, er kann sie sich aber selbst wieder freischaufeln. Ich sehe kein anderes Ziel, das zu erreichen sich mehr lohnen würde oder moralisch akzeptabler wäre angesichts der Vorboten der heraufziehenden großen Konvulsion.

Liberalität und Demokratie können niemals als aufgegebene oder gar nur aufgezwungene Norm funktionieren. Solange Menschen in sich Fremdes, Unannehmbares, Peinliches, Beschämendes, Ängstigendes, Verbotenes fühlen und unter Verschluß halten oder so tief versenkt haben, daß sie gar nicht mehr ihre eigenen, von der akzeptierten Norm ausgegrenzten »Minderheiten« wahrnehmen, solange sind sie zur Demokratie nicht fähig. Sie können bestenfalls »Demokratie« als ein gefährliches Theater spielen — ihre Moral ist dann angelernt und aufgesetzt, sie geht mit der Mode, mit der Zweckmäßigkeit, dem Profit und der Macht. Dies war der vorherrschende Zustand in der Deutschen Demokratischen Republik, und haarscharf dasselbe zwingt uns, die vielgerühmte westliche Demokratie auf: das raffinierte, trickreiche, erpresserische »Spiel« mit den Mehrheitsverhältnissen. Es wird gelogen, vertuscht, geheuchelt, verschwiegen, verfälscht, verführt, genötigt, gekauft und erpreßt, um zu Mehrheiten zu gelangen und um die Minderheiten auszugrenzen. Aber gerade sie verkörpern die abgewehrten Interessen und zeugen von vergessenen, vernachlässigten und verfehlten Bedürfnissen und Notwendigkeiten, die zwingend erkannt und integriert werden müßten. Ehret also die Außenseiter, die Ver-rückten, die Lästigen und Bedrohlichen — sie zeigen uns die Bereiche, die wir vernachlässigt haben, und die Richtung, in die wir uns bewegen müssen, um in der Gesellschaftsentwicklung nicht zu degenerieren. Wer Demokratie wirklich will, muß mit sich selbst demokratisch im besten Sinne umgehen lernen und das heißt: das Erkennen, Akzeptieren und Integrieren der verpönten Anteile des eigenen Seelenlebens ermöglichen und die Grenzen, die Fehler und das schuldhafte Versagen im eigenen Verhalten nicht mehr verbergen müssen. Wir aber sollen ein »Demokratie-Spiel« akzeptieren, das das individuell Unannehmbare stets nur nach außen projiziert und in verteilten Rollen sich nur die jeweiligen Stichworte gibt. Ich bin über diese politische Kultur enttäuscht, ich schäme mich der peinlichen und billigen Rollenspiele und ängstige mich angesichts der selbstgerechten Arroganz und undurchdringlichen Abwehr, die an den Fingern abzählen läßt, wie lange es noch dauern wird, bis das persönlich Unterdrückte und auf andere Delegierte sich wieder mal zum großen Ausbruch zusammenrotten wird. Es brennen ja schon längst wieder die Häuser in Deutschland, und fremde Menschen werden erschlagen, und alle schauen mit großen dummen oder entsetzten Augen zu, ohne wirklich begreifen zu wollen, was los ist.

Weil es aber diese natürliche Moral gibt und selbst durch seelische Entfremdung hindurch das Gewissen konstituiert, kann sich keiner auf den bloßen Opferstatus herausreden. Die Schuld der autoritären oder liebesunfähigen Eltern ist in der Regel umfassend, und dennoch ist jeder Mensch, sobald er soziale Reife erreicht hat, zur Ablösung von den Eltern und zur kritischen Auseinandersetzung mit allen überlieferten Normen und Werten verpflichtet. Er muß sich aneignen, er muß modifizieren oder verwerfen, was er vermittelt bekam. Er muß die eigenen Werte definieren und sein Verhalten schließlich selbst verantworten. In diesem Spannungsfeld zwischen Bewahren und Verwerfen dürfen die Einflüsse und Wirkungen des Familienklimas, der vorherrschenden Atmosphäre, der kaum ausgesprochenen Überzeugungen und Haltungen nicht vergessen werden, weil diese mitunter schwerwiegendere und gefährlichere Wirkungen haben als klare autoritäre Zwänge und repressives Unrecht. Auch die als wertvoll verkündeten, ja selbst die als positiv erlebten Haltungen bedürfen der kritischen Kontrolle, weil die Bedingungen der sich ändernden Zeit wie auch die individuellen Möglichkeiten völlig anders sein können als dies für die Eltern der Fall war. Was für die Eltern unzweifelbar gut und richtig war, muß dies für die Kinder längst nicht mehr sein. Gravierende Fehlhaltungen bei den Eltern führen auch häufiger dazu, daß die Nachkommen nun betont das Gegenteil von dem tun wollen, was die Eltern taten, um ihnen ja nicht zu ähneln. Aber auch dieses Bemühen erzeugt eine Unfreiheit, die als Gegenabhängigkeit angemessen bezeichnet ist. Zur Erinnerung an diese Gefahr hilft ein scheinbar paradoxer Satz: daß man erst dann wirklich frei ist, wenn man etwas tut, obwohl es einem die Eltern angeraten oder abverlangt haben.

Ein solcher Prozeß der permanenten Auseinandersetzung, Klärung und In-Frage-Stellung bedeutet immer auch Unsicherheit und Angst. Die Entthronung von Autoritäten macht das Leben freier, aber zunächst nicht leichter. Die Wahrheit über erlittene Unbill tut weh, die Erinnerung an Betrug, Kränkung und Demütigung löst Wut und Zorn aus. Das Bewußtwerden von Mangel und Defizit verursacht Schmerz, und versäumte und verfehlte Lebensmöglichkeiten sind mit Trauer verbunden und weitergegebene Schuld ist belastende Bitterkeit und schmerzliche Verzweiflung. Schließlich müssen auch Gewohnheiten und Bequemlichkeiten aufgegeben und eigene risikobelastete Entscheidungen getroffen werden, die durch kein Herausreden und Verweisen auf eine Obrigkeit im Falle des Verfehlens mehr abgemildert werden können.

Es ist ein Prozeß, der von auferlegten Schuldgefühlen zu möglicher, auch unvermeidbarer Schuld, aber auch zu erkennbarem und damit vermeidbarem Fehlverhalten führt. Entscheidungsfreiheit, Verantwortlichkeit und Schuld sind untrennbar. Und Schuldbekenntnis, Vergebung und Versöhnung sind der Humus für liebende Partnerschaft, Freundschaft und soziale Beziehungen, die die Würde des anderen achten.

So ist also jeder erwachsene Mensch verantwortlich dafür, wie und womit er seine natürlichen Bedürfnisse befriedigt. Der Mensch trägt z. B. Verantwortung für seine Gesundheit und darf von der Medizin nicht kritiklos entschuldigt werden. Und verantwortlich sein heißt nicht moralisch verurteilt sein im Falle von Erkrankung, sondern mündig sein, zur Selbsthilfe fähig sein und die Selbstregulierungskräfte freilassen können wie auch gesundheitsförderndes Verhalten entwickeln, das der Arzt nur unterstützen, ermutigen und als Weg zeigen, aber nicht abnehmen kann (»der Arzt hilft, die Natur heilt«). Der Mensch ist verantwortlich dafür, was er denkt und an Gefühlen zuläßt oder zurückhält, welche Normen und Werte er akzeptiert, wie er seine Beziehungen gestaltet, was er der Umwelt zumutet und wie er die Natur schützt und erhält. Und er ist natürlich für die Ordnung verantwortlich, die unser soziales und politisches Zusammenleben organisiert und regelt. Er kann sich nicht mehr entschuldigend auf seine unglückliche Kindheit berufen, nicht mehr nur die Umstände und Verhältnisse verantwortlich machen, sich auf einen Befehlsnotstand herausreden oder sich selbst und anderen einreden, er würde nur zum Wohle des Nächsten, zum Besten des Volkes oder für menschliche Erleichterungen handeln.

Natürlich gibt es Verhältnisse, die es einem Menschen sehr schwer machen, seine Verantwortung zu übernehmen (siehe Beispiel DDR), aber auch Bedingungen, die es leicht machen, auf persönliche Verantwortung zugunsten der allgemein gebilligten und erfolgreichen Verhaltensweisen zu verzichten (siehe Beispiel BRD), und es gibt tatsächlich so belastende Kindheitserfahrungen, von denen man sich kaum wieder richtig erholt oder Befehlssituationen, denen man sich kaum entziehen kann, ohne das eigene Leben zu bedrohen — das alles stelle ich überhaupt nicht in Abrede. Ich halte aber solche Erklärungen — und wenn sie noch so stichhaltig sind — nur für behelfsweise erlaubt oder für sekundär, nachdem überzeugend und das heißt einfühlbar die innerseelische Situation offenbart worden ist und verständlich wurde, welchen individuellen Sinn das jeweilige Verhalten macht. Befehl und Nötigung, aber auch Zufall und Schicksal sind zur alleinigen Begründung nicht akzeptabel. Letztlich ist auch eine Psychologie des Opfers erlaubt, um zu tieferen Wahrheiten vorzudringen, ohne damit z. B. die strafrechtliche Schuld eines Täters vermindern zu wollen. Wie sehr allerdings auch die »passiven« Anteile der Opfer, also Schweigen, Erdulden, Geschehenlassen und Leiden und die »halbaktiven« von Hinhalten, Aufmuntern, Anreizen, Verführen, Provozieren, zur Tat beitragen, weiß jedes Gericht, jede Therapie- und Konfliktberatung und jede historische Studie zu belegen.

Der Mensch ist verantwortlich für seine Beziehungen. Er ist nicht für den anderen — Erwachsenen, körperlich und geistig Gesunden — verantwortlich, aber dafür, wie er die Beziehung zu ihm gestaltet. Nicht der andere macht uns froh oder traurig, nicht die Kinder sind der Grund für empfundene Belastung oder die Ursache für Karriereverzicht, nicht die Droge macht uns süchtig, und kein Partner kann mir den Orgasmus machen, und es bestimmt auch keine Partei letztlich über mein Leben, und die Stasi ist nicht der Grund für meine Angst, und nicht der Markt macht mich arm oder reich, und die Demokratie macht mich noch nicht frei. Natürlich gibt es Einflüsse, die erheblich Empfindungen und Gefühle befördern oder behindern können, doch letztlich bleibt es bei mir, ob ich mich ärgern oder freuen will, ob ich meine Lust zulasse oder verweigere, ob ich mich den vorhandenen Bedingungen überlasse oder mich ihnen entziehe. Ich kann meine Angst zwar einem Ängstiger zuschieben, aber wenn der wegfällt ist meine Angst noch längst nicht weg. Ich kann mich auch überall in der Welt frei bewegen dürfen und verlasse doch nicht das innere Normengefängnis. Und eine Droge kann erst dann den Menschen versklaven, wenn dieser bereits eine süchtige Betäubung seiner angehäuften Not braucht. Meistens aber wird »verkehrte Welt« gespielt und Anlässe, förderliche oder hinderliche Bedingungen zur Ursache, zum letzten Grund erklärt und damit die Verschiebung von mir zu dir, von der Verantwortlichkeit in die Abhängigkeit, von der Schuld zur Entschuldigung vollzogen.

Der Zusammenhang zwischen repressiver Erziehung und Schuldgefühlen ist verhängnisvoll, sowohl für das Leben des einzelnen wie auch für eine ganze Gesellschaft, wenn die Erziehung bei der Mehrzahl der Menschen einen Mangelzustand und Gefühlsstau hinterläßt. Schuldgefühle sollen dann der unbestimmten Spannung einen Namen geben und die unannehmbare Wahrheit verbergen helfen. Aber gerade dadurch wird immer mehr Schuld verursacht, weil das hilflose Bemühen um Kompensation des Mangels und Verminderung der Spannung immer mehr selbstschädigendes Verhalten provoziert, den suchtartigen Gebrauch von Mitteln zur Dämpfung und Ablenkung fördert und zum sozialen Ausagieren gegen andere verführt. Dabei wird die reale Schuld gar nicht mehr empfunden, sondern sie wird in persönliche Rationalisierungen, realpolitische Zwänge, wirtschaftliche Notwendigkeiten, wissenschaftliche Beweisführungen, politische Machtkämpfe und religiöse und therapeutische Ideologien eingehüllt und in einer Ethik des Notwendigen und Machbaren eingesponnen.

Schuldgefühle derart: Wenn ich nicht geliebt werde, dann kann es nur an mir liegen! dienen der Abwehr bitterer Erkenntnis und schmerzlicher, ja lebensbedrohlicher Wahrheiten. Statt den Mangel zu erleiden, die Bedürftigkeit zu empfinden und die wirklich Schuldigen zu erkennen, wird das aufgenötigte Fehlverhalten selbst immer mehr vertieft und vorangetrieben, indem immer weiter, schneller, höher, immer mehr und fleißiger, immer bemühter die Idealnorm und die besondere Leistung erreicht und dargebracht werden möchte. Die ehemals sinnvolle Überlebenstaktik, die nicht erwünschten Bedürfnisse und Gefühle zurückzustellen und sich an die Erwartungen der Mächtigen anzupassen, und die schließlich dabei erreichte Meisterschaft, wie man bei aller Not herausspürt, auf welche Weise man doch noch ein Gran besonderen Interesses erwecken kann, ist schließlich für ein eigenständiges Leben als Erwachsener längst zur Behinderung geworden.

Die ehemals aufgenötigten Schuldgefühle, die als antreibende Kräfte wirkten, hinterlassen eine Spur von Fehlverhalten, für das man verantwortlich ist. Sie sind nun zur Schuld geronnen. Längst hat man die eigenen Lebensmöglichkeiten vertan, die ursprünglich nur verhindert wurden, ist in Beziehungen Worte, Gefühle und Taten schuldig geblieben, die ursprünglich nur verpönt waren, und hat an die eigenen Kinder weitergegeben, was man unbedingt anders machen wollte, bis man sich schließlich doch in den alten

Mustern wiederfindet und feststellen muß, daß man überhaupt noch stärker als befürchtet den eigenen Eltern ähnelt, und auch erkennen muß, daß man im Partner, den man gerade im Protest zu Vater oder Mutter wählte, immer mehr die verachtetsten Eigenschaften des andersgeschlechtlichen Elternteils wiederfindet. Man wollte Schuld vermeiden und ist durch die eingeimpften Schuldgefühle erst recht schuldig geworden.

Ich will im folgenden einen Vergleich aufmachen, der vielleicht helfen kann, diese schwierigen und komplizierten Zusammenhänge etwas zu erhellen. Ich stelle die passenden Inhalte neurotischer Schuldgefühle und realer Schuld gegenüber.

Schuldgefühle	reale Schuld
Ich muß den Nächsten lieben wie mich selbst	*Ich liebe mich nicht*
Ich bin nicht artig genug	*Ich unterdrücke meine Wut*
Mir mangelt es an Tapferkeit	*Ich verberge meine Angst*
Ich kann nicht	*Ich will nicht*
Ich muß mich noch mehr anstrengen	*Ich arbeite zu viel*
Ich bin nichts wert	*Ich verweigere die Führung und Verantwortung*
Ich muß mich fügen	*Ich sage nicht nein*
Ich habe schmutzige Gedanken	*Ich lasse meine Lust nicht zu*
Ich bin zu egoistisch, zu eitel	*Ich stehe nicht zu meinen Fähigkeiten, ich stelle mein Licht unter den Scheffel*
Ich kann eh nichts ändern	*Ich will mich nicht ändern*
Ich kann meinen Partner nicht glücklich machen	*Ich will mich nicht behaupten und auseinandersetzen*
Ich bin der Aufgabe nicht gewachsen	*Ich drücke mich*
Ich muß dienen	*Ich hindere mich am Leben*
Ich leide	*Ich verschließe mich*
Ich sollte, ich müßte…	*Es darf nicht sein, daß ich in Ordnung bin*
Ich kann hier nicht leben	*Ich will nicht wahrhaben, was in mir vorgeht*

Schuldgefühle	reale Schuld
Wir müssen für die deutsche Einheit noch mehr Opfer bringen	*Wir wollen uns nicht verändern*
Ich bin Schuld an meiner Arbeitslosigkeit	*Ich habe falsch gewählt und Verantwortung delegiert*
Ich nehme mir das Leben	*Ich flüchte vor dem Konflikt, ich will meine Aggressivität nicht zulassen.*

Um sich das Ausmaß der Anstrengung, der notwendigen emotionalen Arbeit für einen Umstieg von neurotischen Schuldgefühlen zur realen Schuldfähigkeit zu vergegenwärtigen, mag sich jeder geneigte Leser in die folgenden vergleichenden Sätze hineinfühlen. Er wird dabei vielleicht feststellen, wie leicht ihm die Sätze auf der linken Seite über die Lippen gehen und wie schwierig es ihm erscheint, die Inhalte der Sätze auf der rechten Seite zu verwirklichen.

Schuldgefühle	Das notwendige Verhalten, um Schuld zu vermeiden
Ich bin so schlecht	*Ich kenne meine Schlechtigkeit und halte sie unter Kontrolle*
Ich bin ganz wertlos	*Ich zeige meine Werte*
Ich genüge nicht	*Ich bin gut*
Ich bin ein Versager	*Ich tue mein Bestes*
Ich bin nicht perfekt	*Ich tue, was ich kann*
Ich nehme mich zu wichtig	*Ich bin wichtig*
Ich bin zu egoistisch	*Ich hab mich gern*
Ich habe schon wieder sexuelle Gelüste	*Ich erfreue mich meiner sexuellen Bedürfnisse*
Ich darf nicht so wütend sein	*Meine Wut steht mir zu*
Ich bin zu faul	*Ich sorge für meine Entspannung*
Ich habe schlechte Gedanken	*Meine Gefühle und Gedanken helfen mir, mich besser zu verstehen.*

Und was es heißt, die meist als Entschuldigung vorgetragene Schuldabwehr aufzugeben und die eigene Schuld anzunehmen, kann man mit folgenden Sätzen nachspüren.

Schuldabwehr	Empfundene Schuld
Du bist schuld	*Ich bin schuld*
Das hat doch jeder so gemacht	*Ich war zu feige*
Es ging doch um die Macht	*Ich bin bedürftig*
Entschuldige bitte, verzeih mir	*Ich entschuldige mich, es tut mir leid*
Ich habe keinem geschadet	*Ich habe falsch gehandelt*
Ich habe nichts davon gewußt	*Ich habe mögliches Wissen verweigert*
Das habe ich nicht gewollt	*Das ist das tragische Ergebnis von meinem Irrtum*
Ich habe auf Befehl gehandelt	*Mir mangelt es an Zivilcourage und Verantwortlichkeit*
Es war nicht so gemeint	*Es fällt mir schwer, zu meiner Meinung oder Handlung zu stehen*
Ich habe im guten Glauben gehandelt	*Ich habe mich verführen lassen*
Aus heutiger Sicht	*Ich habe mich damals blind gestellt*
Man konnte nicht anders	*Ich wollte nicht anders*
Ich mußte doch an meine Kinder und Familie denken	*Ich habe meine Familie mit hineingezogen*
Ich mußte doch an meine Karriere denken	*Ich bin ein Arschloch*
Der Mensch ist nicht besser	*Ich will mich nicht bessern*
Das ist halt die Realität	*Ich stelle mich doof*
Ich war stets bemüht, das Beste draus zu machen	*Ich will die wahren Gründe meines Handelns nicht wissen oder zugeben, ich lüge*
Ich handle nur zum Wohle des Volkes/im Interesse der Menschen	*Ich verberge meine wahren Interessen, ich will meine Beweggründe nicht zugeben oder meine unbewußten Bedürfnisse selbst nicht wahrhaben.*

Neurotische Schuldgefühle sind also das unvermeidbare Ergebnis autoritärer Erziehung und von Kulturnormen, die die Natürlichkeit des Menschen einschränken. Aber der Mensch kann nicht aus seiner

Haut, er kann sich zwar zwingen und hemmen, verbiegen und verstellen, bleibt aber seinen natürlichen und ganz individuellen, je einmaligen Bedingungen und Möglichkeiten verhaftet. Aber wenn genau das Konstitutive und ganz Subjektive seines menschlichen Lebens permanent mißachtet, gering geschätzt und verleugnet wird und ständig einer fremden, von außen vorgegebenen oder von oben übergestülpten Norm Genüge getan werden muß, wird das Leben immer mehr durch Schuldgefühle belastet und vergiftet. Die auf diese Weise malträtierte Natur wird wider alle Repression oder Manipulation ihr Recht fordern und um Verwirklichung ringen, so daß der Mensch von einem ständigen Widerspruch innerer Wünsche und äußerer Gebote geplagt sein und sich quälen wird an der Differenzerfahrung zwischen Sollen und Wollen. Und die fremden und vorgegebenen Normen können niemals optimal erfüllt werden, so bleiben permanente Insuffizienzgefühle als Nährboden für die Schuldgefühle.

Die Freude am Leben, die Freiheit der Gestaltung und der aktive Unternehmungsgeist werden dadurch erheblich beeinträchtigt. In letzter Konsequenz führen Schuldgefühle zu Depression und Suizid oder zu Aggression und Gewalt. Aber neurotische Schuldgefühle sind prinzipiell vermeidbar, reale Schuld dagegen nicht. Schuld gehört unweigerlich zu jedem menschlichen Leben dazu. Es sind die individuellen Grenzen, die Schwächen und Behinderungen, ohne die kein Mensch ist. Es sind die kulturell aufgenötigten Einseitigkeiten, Blockierungen und Entfremdungen, und es ist die menschliche Unfähigkeit, jederzeit die komplex vernetzten Folgen seines Handelns zu überschauen.

Jeder Mensch bleibt sich und anderen im Leben etwas schuldig, muß auf ungelebtes Leben zurückblicken und wird, wenn er das eine tut, etwas anderes unterlassen müssen. Selbst bei redlichsten Motiven, genauester Planung und Berechnung und ernsthaftester Prüfung aller nur denkbaren Bedingungen, ist schuldfreies Handeln dem Menschen nicht vergönnt. Daß letzten Endes alles menschliche Tun in seiner Bewertung stets zu relativieren ist und es keine Unfehlbarkeit gibt, halte ich angesichts der immer wieder aufkommenden absoluten Ansprüche von Machthabern, Parteien, Päpsten, Wissenschaftlern und Gurus für eine der entscheidenden Überzeugungen zum Schutz vor dem Einfluß demagogischer oder suggestiver Manipulationen, denen wir bedürftige Menschen nur all zu leicht zu verfallen drohen.

Da der Mensch in seinen verschiedenen Lebensdimensionen – körperlich, seelisch, sozial und spirituell – schuldig werden kann, braucht er auch verschiedene Möglichkeiten zur Schulderkenntnis. Er braucht Information und Wissen, es sind Raum und Zeit nötig und auch Beziehung und Auseinandersetzung. Und für alles ist er allein verantwortlich. Und sehr viele Informations- wie auch Beziehungsangebote sind einfach falsch, verlogen, tendenziös oder manipulativ. Dem Menschen ist die absolute Wahrheit und eine Garantie für das ständig Richtige nicht vergönnt. Aus den Nöten von Versuch und Irrtum wird keiner entlassen, und aus dem nie endenden Prozeß von Ausprobieren, Wahrnehmen, Erleben, Verändern und Verwerfen, gibt es kein akzeptables Entrinnen. Und dabei kann immer wieder Schulderkenntnis geschehen, die dann auch zur Schulderfahrung wird, wenn ich außer mir keinen anderen mehr schuldig nennen muß und auf niemanden mehr meine Schuld verschiebe und aufhöre, mich zu entschuldigen und zu erklären. Wenn ich allein den Schmerz zulasse, der mich dann erschüttern wird, geschieht Schulderfahrung. Dabei ist eine annehmende, akzeptierende Beziehung von großem Wert, also die Anwesenheit einer Bezugsperson, die bereit ist, zum Pol eines Spannungsbogens zu werden, um die gestauten Energien nicht gelebten oder verfehlten Lebens abfließen zu lassen. Eine solche Partnerschaft kennt keinen Rat, keinen Trost und erst recht kein Urteil, sie ist mitfühlende Anwesenheit, die nur aus der Erfahrung der eigenen Schuld und des eigenen Schmerzes möglich wird und auszuhalten ist.

Eine solche Schulderfahrung, die nicht mehr Erklärung, sondern Bekenntnis ist, die sich als Schmerz über mißlungenes Leben artikuliert und die Hoffnung ausdrückt, trotz allem angenommen zu sein, und den Willen aktiviert, erkannte Schuld nicht fortzuführen und das eigene Leben so zu gestalten, bis individueller Sinn befreiend erlebbar wird, auch wenn dies nur für Augenblicke aufscheinen kann – eine solche Schulderfahrung beinhaltet alle konstitutiven Elemente einer Beichte: *confessio, contritio, absolutio, satisfactio.* Allerdings sehe ich vor allem Priester wie auch Therapeuten zumeist in der Gefahr, diesen Prozeß der Schulderfahrung eher zu verhindern, nämlich durch das Angebot einer ritualisierten Form des Schuldbekenntnisses und durch das zugesprochene Wort, das leider meist kein authentisches Zeugnis mehr ist, sondern nur noch Worthülse, Phrase, routinehafte Floskel und gar nicht so selten auch Lüge – ein Zeugnis allerdings der neurotischen Bedürftigkeit der »Stellvertreter« Gottes. Und Ärzte machen dies meist mit Rat und Medikamenten aus ähnlicher Bedürftigkeit. So sehr wie die institutionalisierte Medizin viel mehr Krankheiten gewinnbringend organisiert und chronifiziert, so erzeugen und pflegen die verwalteten Kirchen viel häufiger gewinnbringend und machterhaltend die Schuld der Menschen. Das ritualisierte Versöhnungsspiel verhindert die persönliche Betroffenheit, beutet die seelische Not der Menschen aus und bestätigt sie immer wieder nur als angstvolle und brave Duckmäuser, statt über Schulderkenntnis zur Wahrheit vorzudringen, um damit eine tiefe Abneigung gegen alle Formen autoritärer Macht stärken zu helfen. Genauso ist es beim Rechtssystem und im Strafvollzug, wo weniger Einsicht in das Fehlverhalten als die Disposition für neue Kriminalität produziert werden.

Im ersten Buch Mose, 23-33, lesen wir von dem Kampf Jakobs mit Gott, einem Ringen, das er nur mit einer Hüftverrenkung übersteht. Aus diesem Gleichnis können wir etwas von der abverlangten Kraft erkennen, die mit Schulderkenntnis verbunden ist und unvermeidbar Spuren hinterläßt. Zu diesem verzweifelten Kampf mit Gott sind wir aufgerufen und sollten darin bestärkt und begleitet sein, statt zum angstvollen Kuschen und zur frommen Lebensverweigerung verführt zu werden. Wir bleiben auf Gottes Liebe angewiesen, um für all das Unvermeidbare und Unüberschaubare, das einfach größer ist, als daß wir es verstehen oder gar kontrollieren können, und für das Umfassende, das wir nicht mehr zu vollbringen in der Lage sind, Vergebung zu erfahren. Die Erfahrung seiner liebenden Vergebung bleibt aber an eine tiefe Schmerzerfahrung gebunden. Jeder von uns muß auch seinen eigenen Leidensweg gehen, jeder von uns hat sein eigenes Kreuz zu tragen und ist von Jesus Christus angesprochen, sich mit seiner Lebensart auseinanderzusetzen. Ich glaube nicht mehr, daß dieser Weg lebensverändernder Erkenntnis durch die verwalteten Kirchen führt. Und die tiefe existenzielle Schuld sollte nicht verwechselt werden mit der Schuld, die ich mir selber oder dem Nächsten zufüge. Diese ist auch nicht so sehr Gottes Angelegenheit, sondern die Vergebung, die ich mir selbst schuldig bin oder die ich von dem Nächsten erhoffen darf, an dem ich schuldig geworden bin, bleibt meine eigene Sache. Aber dafür brauchen wir Menschen Kontakt und Auseinandersetzung mit den eigenen und den fremden Lebensgewohnheiten, und wir brauchen Raum für unsere eigenen Gefühle und für lebensverändernde Möglichkeiten, was wir uns alles aber nur selbst geben oder nehmen können.

Wir müssen zur Kenntnis nehmen, daß autoritär-repressive (DDR) und autoritär-manipulative (BRD) Staatsformen, wie auch autoritäre Kirchen sehr viel Schuldgefühle in den Menschen erzeugen, denen keine wirkliche Schuld zugrunde liegt. Aber die Nötigung zu bestimmten Lebensformen läßt schließlich auch die meisten Menschen schuldig werden, dafür aber wiederum soll kein Schuldbewußtsein entstehen können. Wir müssen also vielfache Mechanismen und Rituale erkennen, die durch Politik, Religion, Wissenschaft, Kultur und Kunst gepflegt und verwaltet werden, um wirkliche Schuld zu verdrängen und sie verschieben zu helfen.

4. Du bist schuld

Wir sind erneut ein zweigeteiltes Land von Opfern oder von Menschen mit der Gnade der westelbischen Geburt. Bereits 1945 war millionenfache persönliche Schuld in einem grandiosen Akt kollektiver Projektion abgewehrt worden. Der »Kalte Krieg« hat den Deutschen sofort neue Feindbilder – von den gefährlichen Kommunisten oder den unbelehrbaren, ewig gestrigen Kapitalisten und Imperialisten – geschenkt, und mit dem Aufbau des »Wirtschaftswunders« bzw. des »Sozialismus« war hinreichend Anstrengung geboten, um unverzüglich zur Not der Tagesordnung übergehen zu können. Dieser verständliche, aber ebenso bedenkliche Prozeß wiederholt sich jetzt wieder: Die Schuldabwehr ist nahezu komplett! Bis hinauf zu Mielke und Honecker lassen sich Begründungen erfinden, die je nach Perspektive durchaus auch ihre Schlüssigkeit haben können, um persönliche reale Schuld abzuweisen.

Die Oberen handelten natürlich in den Zwängen der Weltgeschichte, und die Unteren befolgten lediglich Befehle, alle befanden sich natürlich voll auf dem Boden des eigens dafür geschaffenen Rechtes, und jeder Täter war natürlich nur bemüht, noch Schlimmeres zu verhindern, und höchsten Idealen folgend, mußten selbstverständlich auch kleinere Übel, natürlich widerwillig, hingenommen werden, aber um der großen Sache wegen ... Selbst die Mitläufer haben selbstverständlich nur versucht, noch das Beste aus allem zu machen, von kriminellen Delikten wußte man eh nichts, und was hätte ein Einzelner auch schon tun können ...

Was mit grellsten Farben ausgeschmückt, in den höchsten Tönen besungen, mit glühender Begeisterung gefeiert und mit der Bereitschaft zum Tode verteidigt worden war und zwar von einem ganzen Volk von Arbeitern und Bauern, von Künstlern, Wissenschaftlern, Kirchenleuten und Soldaten, von FDJlern und jungen Pionieren, von Gewerkschaftlern und Genossen – nun war es plötzlich keiner mehr wirklich gewesen, obwohl alle ganz real dabei waren.

Ein Spiel geht um: *Ich und du – Müllers Kuh, Müllers Esel, der bist du!* – oder: *Wer hat den schwarzen Peter?* Ich greife bewußt auf Kinderreime zurück, denn die sogenannte »Vergangenheitsbewältigung« bewegt sich bisher etwa auf diesem infantilen Niveau. Im Fadenkreuz der Schuld war zuerst auf Honecker und das Politbüro, dann auf die Stasi und Schalck-Golodkowski gezielt worden – jetzt sind es bevorzugt nur noch die inoffiziellen Mitarbeiter der Stasi. Sie bekommen im Moment den vollen Schwapp der gesellschaftlichen Ächtung ab. Vor den wirklichen Tätern hat die »friedliche Revolution« gekniffen, für ihre Bestrafung reichen die Mittel und Möglichkeiten des »Rechtsstaates« nicht aus, und auf ihre fachliche Kompetenz in Politik, Wirtschaft, im Sicherheitsdienst und beim Militär könne man eh nicht verzichten. So avancieren die wirklich Schuldigen zu Memoirenschreibern, Zeugen, Sachverständigen, Managern und Pensionären. Dagegen sind die IMs für dieses böse Spiel gut geeignet – meist »arme Schweine«, eher scheu und unsicher, abhängig und leicht beeinflußbar oder auch geltungs- und machthungrig, das Konspirative staffierte ihre verletzten Seelen häufig mit einem Rest von Bedeutung, Abenteuer und Anerkennung aus. Sie sind das ganze Gegenteil von James Bond, praktisch das Spiegelbild von Herrn und Frau Jedermann und deshalb als Sündenbock, um den eigenen Schatten zu bannen, so begehrt. Zudem erfüllt das Interesse an den Stasi-Akten auch öfter eine Hoffnung, doch möglichst ein »operativer Vorgang« zu sein, das ist eine gute Voraussetzung für eine neue Karriere, und wenn man IMs in der eigenen Lebensgeschichte findet, kann man für längere Zeit die Beschäftigung mit Schuld am anderen festmachen und den Blick in die eigene Seele vermeiden.

Es ist im Moment eine ebensolche massenhafte Verschiebung von Schuld zugange, wie es zuvor eine Epidemie an verantwortungslosem Mitläufertum und überzeugter Mittäterschaft gegeben hat. Die von Schuldgefühlen geplagten und gehetzten Menschen haben in ihrer Verzweiflung, es ja gut und anderen recht zu machen, mehr Schuld angehäuft, als sie jetzt in der Lage sind, sich bewußt zu machen. Die Menge an verlorenem Leben, verpaßten Gelegenheiten, versäumten Worten, an unkritisch weitergegebenen Irrtümern, an nicht korrigierten Fehlern und der Umfang an Dulden, Stillehalten, Wegschauen, Jasagen und Mittraben, am Akzeptieren von Phrasen und dem Glauben an Verheißungen sind so riesig, daß es schon einer ganzen Herde von Sündenböcken bedürfen würde, um eine befreiende Katharsis einzuleiten.

Etwas anderes kommt hinzu: Auf paradoxe Weise bildet sich noch ein besonderes Schuldgefühl heraus, das sich in der DDR-Nostalgie verbirgt. Mit dem vollzogenen Systemwechsel und dem »Beitritt« ist alles entwertet und entehrt, was wir zuvor verehrt, geliebt und hochgehalten hatten, was wesentlicher Inhalt des bisherigen Lebens war. Unsere Bücher sind verramscht, die Kunst demontiert und ausgelagert, Straßennamen verschwinden und sprachliche Begriffe werden aufgegeben, die Witze sind verhallt, Freundschaften verloren, der heimliche Code der Verständigung ist entleert, die beruflichen Erfolge und Leistungen sind nur noch lächerlich, die bisherige Lebensweisheit abgewertet und der Glanz eines besonderen Besitzes längst verblaßt. Alles aus der DDR wurde zum Objekt der Aggression, des Hasses und auch sinnlos verwüstet und leichtfertig aufgegeben. Das Paradies sollte sich ja nun auch über unsere verwundeten Landschaften und gedemütigten Seelen ausbreiten, aber daraus wurde nicht viel. Haben wir uns schon wieder selbst verraten und entehrt? Schuldgefühle oder Schuld? Es ist wohl beides! Aus den Schuldgefühlen: Bloß keine Gewalt, an der Macht darf man sich nicht vergreifen, wir schaffen es nicht allein, wir sind minderwertig, wir sind bedürftig, wir wollen uns wieder anpassen und anständig sein! — ist längst schon wieder Schuld geworden: der Verrat unseres bisherigen Lebens, die Flucht vor der Wahrheit, die verweigerte Auseinandersetzung, die verschenkte Macht, die gierige Bedürftigkeit, das Aufgeben solidarischer Verbundenheit, das Jagen nach neuen persönlichen Vorteilen und die Jagd auf Sündenböcke. Das Leben in der DDR so schamlos zu veräußern, erscheint mir wie ein kollektives Sakrileg töricht-trunkener Gottloser. Da sind archetypisch tiefe Schichten von Schuld berührt.

Bei allen Völkern findet man seit frühester Zeit die Vorstellung, daß Schuld und alles Leid auf andere übertragen werden kann. Die ritualisierte Form solcher Schuldabschiebung ist Jahrtausende alt. Ein berühmtes Beispiel solcher Zeremonien wird im 3. Buch Mose beschrieben. Die Hebräer haben zum Versöhnungsfest einen lebenden Bock durch Los bestimmt und der Hohe Priester legte seine Hände auf den Kopf des Tieres und beichtete über dem Bock alle Missetaten des Volkes. Nachdem die Sünden der Menschen symbolisch auf das Tier übertragen worden waren, wurde es in die Wüste geschickt und dort seinem Schicksal überlassen.

Solange magisch-mystisches Denken lebendige Kraft besaß, kann ich mir die Wirkungen solcher Zeremonien reinigend und befreiend vorstellen. Spätestens aber seit der Zeit der Aufklärung dürften solche Rituale ihre hilfreiche Funktion verloren haben, und mit der folgenden Kulturentwicklung gibt es einen deutlichen Abfall in primitiv-destruktive Formen der Schuldverschiebung. In die Rolle des Sündenbocks werden unliebsame Menschen gedrängt, ihre Fehler und Schwächen ausnutzend, um von dem eigenen schuldigen oder sündigen Verhalten abzulenken. Der Sündenbock hat häufig keine reine Weste und gerade seine benennbare Schuld läßt den Projektionsmechanismus so wirkungsvoll selbstgerecht wuchern. Da schon Schuld erkenn- und benennbar ist, wird ihm zusätzliche Last aufgepackt, für die der Sündenbock aber überhaupt nichts kann. Diese schoflige Unsitte ist weit verbreitet: Es braucht ein Mensch nur irgendwo seinen Müll einfach fallenzulassen oder abzukippen, sogleich geben andere ihren Abfall dazu mit der fadenscheinigen Entschuldigung, dort hätte ja eh schon Unrat gelegen. Der Volksmund kennt auch den Spruch vom Ärger, den die Fliege an der Wand auslösen würde; die kleine Fliege wird zum Bock, die nun für alle gereizte Erregung die Ursache sein soll. In den Familien ist es das »schwarze Schaf«, der »Pechvogel«, das »kranke Kind«, der »böse Vater«, die »arme Mutter« – manche Ehen leben gerade davon, daß auf das schuldige Verhalten eines Partners der enttäuschte Affekt eines ganzen Lebens aufgeladen wird (ich übersetze dies in Beratungen mitunter in das einfache Bild, daß auf vorhandene 5 Gramm Schuld dann weitere 95 Gramm »aufgebockt« werden, und beide Beziehungspartner sind dann verzweifelte Nutznießer solcher Verschiebung: Der eine kann in Schuldgefühlen schwelgen, um nicht Schuld wahrzunehmen, und der andere kann Überdruckventile öffnen und Stellvertreter belasten, um die als sehr bedrohlich erlebten wirklichen Täter zu schonen.)

Aber nicht allein die wirkliche Schuld der Sündenböcke wird zum Anlaß genommen, auf sie abzuladen. Es gibt noch einen anderen Beweggrund: Wir hatten festgestellt, daß sich Angst in Schuldgefühle transformieren läßt. Die Angst, von den Eltern nicht wirklich angenommen zu werden, ihren Erwartungen und Vorstellungen nicht zu entsprechen, diese Angst ist so bedrohlich und der erforderliche Protest gegen derart elterliche Perversion ist dem Säugling und Kleinkind so unmöglich, daß in der Einbildung, selbst schuld zu sein und sich fortan um das erwünschte Verhalten zu bemühen, ein entlastender Trost aufscheint. Später aber muß man bei anderen Menschen erkennen, daß diese ganz unbeschwert Verhalten zeigen und sogar erfolgreich Eigenschaften ausgebildet haben, die von den eigenen Eltern als absolut verwerflich angesehen worden waren. Sind nun die Eltern abnorm, dumm, spießig, borniert gewesen oder stimmt etwas mit dem Fremden nicht? Wie wird wohl dieser Zweifel gelöst? Wir wissen es schon längst: Natürlich sind die Eltern heilig und die anderen sind schuld! Der andere aber, meist in einer auch schwächeren Position, wird jetzt gnadenlos bekämpft. Es sind dabei vor allem bestimmte Eigenschaften und Verhaltensweisen, die die sozial Stärkeren bei sich nicht wahrhaben und zulassen wollen. Sie haben diese Eigenschaften selbst mühsam unter Kontrolle bringen müssen, den strengen Forderungen und Erwartungen ihrer Unterdrücker folgend, und vieles davon schließlich nach hartem Ringen in die Tiefen des Unbewußten verdrängt. Wenn ihnen das Tabuisierte nun leibhaftig wieder begegnet, fühlen sie sich dumpf erinnert und in ihrer Abwehrleistung bedroht, letztlich im ganzen Lebensarrangement in Frage gestellt. Und bei der Alternative, die Gelegenheit zu nutzen und tatsächlich die eigenen Positionen anzufragen, um vielleicht neue Entwicklungsschritte in Gang zu bringen, oder die Bedrohung sich vom Hals zu schaffen, abzuwerten, zu verfolgen, ein- oder auszusperren oder gar völlig zu vernichten, wird bevorzugt die letztere Variante gewählt.

Ist so der Mensch? Oder ist auch dies die traurige Folge bitterer, aber letztlich vermeidbarer Erfahrungen? Je rigider, einengender, verbietender, strenger die Erziehung war, je mehr also unterdrückt, beherrscht, kontrolliert und einseitig entwickelt werden mußte, desto mehr wird das Leben in seiner Vielfalt und Fülle als bedrohlich erlebt (im Osten Deutschlands ist gerade dies im Moment ein riesiges Problem), desto mehr bedeuten Andersartigkeiten Versuchungen und Verführungen, die die eigenen Überzeugungen und Lebensformen in Frage stellen. Nun wurden solche Überzeugungen und Lebensformen meist nicht freiwillig und mit Begeisterung entwickelt, sondern sie sind durchgesetzt und aufgenötigt worden, immer mit der latenten Drohung, den »Segen« der Eltern zu verlieren, nicht das »richtige Bewußtsein« zu haben, nicht im »rechten Glauben« zu handeln und damit Gefahr zu laufen, ausgegrenzt zu werden (wie das Aufnötigen fremder Überzeugungen funktioniert, läßt sich im Moment im Osten auch umfassend studieren). Die Begeisterung, mit der später manchmal abnorme Überzeugungen weitergetragen werden, ist bereits die groteske aber nützliche Folge (die »Identifikation mit dem Angreifer«) der Nötigung.

Anhand der Psychologie radikaler und gewaltbereiter Jugendlicher läßt sich im Fremdenhaß der projizierte Kampf gegen die eigene innere Not recht gut verdeutlichen: Gesucht werden von den

Jugendlichen meistens Gemeinschaft, Führung, Gelegenheit zur Abreaktion von Gefühlsstau und die Hoffnung auf ein besseres Leben. Schon darin werden die Defizite ihres Lebens erkennbar: die verweigerte Gemeinschaft, die innere Führungsschwäche und Labilität mit der aufgestauten mörderischen Aggressivität als Folge liebloser, abwertender und gewalttätiger Erziehung bzw. umfassender emotionaler und sozialer Defizite. Gewaltbereite Jugendliche sind immer zuerst Opfer gewalttätiger Eltern und destruktiver sozialer Verhältnisse. Sie sind demzufolge die Symptomträger einer zerstörerischen Gesellschaft.

Im Fremdenhaß wird stellvertretend das eigene innere Fremde bekämpft, das natürlich enorme Ausmaße infolge des Mangelsyndroms angenommen haben muß: fremd sind Liebe und Vertrauen, Sicherheit und Zuversicht, Güte und Mitmenschlichkeit, Geborgenheit und Lebensfreude. Und Fremde, zum Beispiel Asylbewerber, sind in der Regel auf der Suche nach genau diesen Werten, die ihnen in ihrer Heimat auch verlorengegangen sind oder verweigert werden. Indem sie herandrängen und ihre Befindlichkeit uns vor die Nase setzen, sind wir mit der Frage konfrontiert, wie es denn bei uns selbst damit bestellt ist. So stammelt es aus manchem radikalen Mund: Die nehmen uns die Arbeitsplätze oder die Frauen weg! – um hilflos auszudrücken, was an innerer Bedürftigkeit brachliegt: Sicherheit und Liebe! Oder ein anderes Beispiel: Die Abwehr der Liebessehnsucht, der Beziehungsstörung und der Lustunfähigkeit drückt sich in jüngerer Zeit auch im Haß gegen die Prostitution aus, was im Osten Deutschlands schon mehrfach Schlagzeilen machte. In der Prostitution wird gerade die unglückliche Liebessehnsucht, die Lustunfähigkeit und Beziehungsstörung vermarktet und in den schillerndsten Facetten feilgeboten, was bei den Jugendlichen einen inneren Sturm von Wünschen und Unfähigkeiten auslösen mag.

Im Hang nach fast militärischer Disziplin und Ordnung, der Neigung zu straffer Führung werden das innere Chaos und die Haltlosigkeit abgewehrt, die durch die frühe Beziehungsverweigerung angerichtet wurden. Und die ausagierte Größe und Stärke, das martialische Aussehen und Auftreten und schließlich die tatsächlich ausgeübte Gewalt sollen die innere Minderwertigkeit und Ohnmacht vergessen machen, die eigene Angst und Unsicherheit übertönen und die Nähe vermeiden helfen, die so sehr ersehnt war, nun aber nur alte Wunden wieder aufreißen würde, sofern sie geschähe. So weist die verübte Gewalt (die Täterschaft) auf die selbst erfahrene Gewalt (das Opfertum) hin und dient als Näheabwehr dem Schutz vor tiefster Erschütterung. Daher ist es eben gerade nicht damit getan, gedemütigten Menschen aus einer Broken-home-Situation nur Zuneigung, Verständnis und Hilfe anzubieten – nein, es müssen Möglichkeiten der aggressiven Abfuhr eröffnet werden, um den Druck des Gefühlsstaus zu mildern, sonst prallt jede Liebe an den Mauern des berechtigten Hasses ab.

Nicht viel anders geht es uns Ostdeutschen im allgemeinen: Das innere Mangelsyndrom läßt sich eben nicht nur mit Grenzöffnung und Geld kurieren, auch dort nicht, wo das Geld noch ankommt. Wenn dies nur verstanden würde, daß die vielgerühmte »Freiheit«, die wir doch jetzt genießen könnten, mehr als Bedrohung oder gar als Hohn empfunden werden muß angesichts des tief verschütteten Zuganges zur wirklich inneren Freiheit oder der längst sinnentleerten äußeren Freiheitsangebote.

Der Umfang der Sündenbock-Mechanismen, in der Variante des Schuldabladens auf andere, die selber etwas »Dreck am Stecken« haben oder in der Form des dumpfen Abwehrbemühens gegen diffuse Ängste, gegen die Bedrohung durch Andersdenkende oder einfach nur Andersseiende, die die eigene Beschädigung und das eigene Schuldig-geworden-Sein durch die provozierte Auseinandersetzung mit anderen Lebensstilen bewußt machen könnten, kann als ein Maßstab für die Toleranz oder Intoleranz, für die Gesundheit oder Krankheit einer Gesellschaft angesehen werden. Je größer und umfassender die psychosozialen Konflikte in einer Gesellschaft sind, desto größer ist auch in der Regel die Sündenbockjagd.

Das nationalsozialistische Deutschland zeigte dabei mit der Judenverfolgung und -vernichtung die bisher höchste Ausformung gesellschaftlicher Pathologie. Messen wir aber tatsächlich am Sündenbockgeschehen die Qualität unseres sozialen Zusammenlebens, dann sieht es zur Zeit auch bei uns nicht besonders gut aus. Daß immer nur der andere schuld sein soll, gehört fast zur Kultur, in der wir leben. So geht in der Regel die Schuldverschiebung von oben nach unten, von innen nach außen, von West nach Ost, von Nord nach Süd, von weiß auf schwarz, von schwarz auf rot, von reich auf arm, von Mann auf Frau, von Eltern auf Kinder, von Deutschen auf Ausländer – aber auch für den »Gegenverkehr« lassen sich genügend Beispiele finden. Die »Hackordnung« verläuft in der Regel nach den »Werten«, die die Gesellschaft strukturieren, also zum Beispiel nach Macht, Einfluß, Geld, Stärke, und die machtlosen Armen und Schwachen sind als Sündenböcke gefährdet. In den Flüchtlingslagern Westdeutschlands, so wurde berichtet, war die Rangfolge: Westdeutsche — DDR-Bürger — deutsche Aussiedler aus dem Osten — weiße Ausländer — schwarze Ausländer.

Oder ein ganz anderes typisches Beispiel: Ich saß in einem Gartenlokal am Rhein und konnte das Gespräch am Nachbartisch mitverfolgen: Zwei westdeutsche gebildete Frauen, die über den Rhein assoziierten und nach einer Menge erbaulicher Worte über den »Kulturträger« Rhein plötzlich über den Verschmutzungsgrad des Flusses ins Bedauern und Klagen gerieten. Bis der einen Gesprächspartnerin die erlösende Verschiebung gelang: »Aber der schmutzigste Fluß Deutschlands ist die Elbe, und das wird vor allem durch die DDR verursacht.« Und beide konnten sich wieder den schönen Gedanken hingeben. So leicht geht das eben — und im Eifer der Abwehr der eigenen Betroffenheit lebte sogar die DDR wieder auf. Die DDR als ein äußerst brauchbares Objekt für Abwehr und Schuldverschiebung nimmt immer noch einen beträchtlichen Raum ein: Arbeitslosigkeit, Kriminalität, Radikalität, Ausländerhaß, ökologische Katastrophen, Korruption, Verrat, moralischer Sumpf und Probleme, Schwierigkeiten und Konflikte jeder Art — das alles wird jetzt bevorzugt in den Osten Deutschlands verlagert. Vor dem Hintergrund der ehemaligen DDR erscheint Westdeutschland dann so albern rein, wie es die Waschmittelreklamen verheißen, was ja eben auch zum Geist dieses Landes gehört.

Ein Gesellschaftssystem ist kollabiert, ein Menschheitstraum, eine großartige Utopie ist zerronnen — aber der verlorene Traum wird nicht gedeutet, nicht analysiert, sondern nur verhöhnt und die — allerdings — beschämende Unzulänglichkeit der Träumer wird benutzt, um die ganze Sache zu denunzieren. Der Traum aber könnte der »königliche Weg« zu unseren unbewußten Wünschen und Sehnsüchten sein, um weiter und erneut darum zu ringen, ein gerechteres und sozial sicheres und friedliches Leben ohne Krieg und Ausbeutung aufbauen zu können. Doch dabei müßten wir alle erlittene Schmach wieder erinnern und unser Ersatz-Ich-Ideal zerstören, wir müßten uns zum Großteil von der Autorität der Vorfahren lösen und nachweisen, daß sie Unrecht taten, wir müssen ihnen also Schuld zuweisen, anstatt Schuldgefühle zu gern zunächst gegen uns und später als Verdächtigung gegen den Nächsten zu richten.

Die selbstverschuldete globale Vernichtung der Gattung Mensch durch destruktive Lebensformen ist erstmalig in unserer Geschichte möglich und vermutlich sogar sehr wahrscheinlich geworden. Denn auch die westliche Gesellschaftskonzeption, die schöne Utopie vom Leben in ständig wachsendem Wohlstand und Fortschritt ist falsch und hat schon längst ihren eigenen Untergang eingeläutet.

Die mißlingende deutsche Einheit ist ein Symptom dafür. Gerade noch erinnern wir uns an die Schauer der glückseligen Erregung, die durch den Vereinigungsrausch in beiden Teilen Deutschlands ausgelöst wurden. Als mit der Mauer aus Beton — dem Symbol des eingemauerten und verpanzerten Lebens — auch die seelischen Barrieren schmolzen, praktisch die »Eisenringe« um unsere Herzen für kurze Stunden barsten und wir uns weinend in den Armen lagen, da war uns Deutschen etwas ganz Seltenes passiert: Wir hatten unsere emotionale Kontrolle verloren! Uns Ostdeutschen hätte man ja die Tränen nach dem langen Darben im »Gefängnis« als Entschuldigung für soviel schmerzliche Freude ja noch gelten lassen, wieso kam es aber bei so vielen Westdeutschen zu einer vergleichbaren Inkontinenz der Gefühle? Ich meine, weil sie eben auch voller Sehnsucht nach einem anderen Leben und unverstelltem Dasein sind — wie es in der Vereinigungsnacht wider alle Vernunft eben auch aus ihnen herausbrach. Die so Erfolgreichen, Souveränen und Cleveren, die »Sieger« der Geschichte, zeigten plötzlich auch »Nerven« und »Schwäche« — das unfaßbare Ereignis des Mauerfalls machte dies möglich. Und weil die Öffnung der Mauer vermutlich nichts anderes als eine grandiose kollektive Fehlleistung war, eine der Sternstunden geschichtlicher Ereignisse, weil von unbewußten Energien getragen, also praktisch ohne gezielte Tat, ja nicht einmal ohne klar erkennbaren Willen einfach geschehen war, wurde als angemessene Reaktion dieser kathartische Prozeß ausgelöst, der das kritisch gewordene unbewußte Potential der Menschen in Ost und West signalisierte.

So unerwartet-unvorbereitet wurden die Menschen davon überrascht, daß eben auch Gesten passieren und Gefühle durchbrechen konnten, die sonst sorgfältig unter Kontrolle gehalten werden, vor allem mit der Maske von Tüchtigkeit und Erfolg oder von Gehorsam, Disziplin und Ordnung. Die deutsch-deutschen Umarmungen waren die erlebte Vereinigung, die Rückkehr der individuellen Abspaltungen, die innig-spontane Verbundenheit, die keine Masken mehr braucht, die Mißtrauen und Angst einerseits und Arroganz und Coolheit andererseits in einem Rausch sich (scheinbar) erfüllender Sehnsucht für den Moment hinwegfegen.

Dies war der Augenblick, wo wir gemeinsam die Revolution hätten vollenden können — aus den schmerzlich-schönen Schauern heraus zur Wahrheit unserer Verletzungen, Einengungen und Kränkungen vorzudringen, um schließlich auch das sinnlos-verzweifelte Bemühen aufgeben zu können, vor unseren Schuldgefühlen zu bestehen. Allerdings wären wir dann unserer Schuld begegnet. So haben wir uns lieber der Umarmungen geschämt, die unvollendete Revolution schnell für siegreich erklärt und sind zur Tagesordnung übergegangen: zur Schuldabwehr unter dem Deckmantel der praktischen Handlungszwänge.

Der Untergang des »real existierenden Sozialismus« entlarvte abnorme und pervertierte Strukturen. Was vormals gefeiert worden war und als geheiligt galt, was propagiert und mit Waffengewalt verteidigt, woran jedes individuelle Leben gemessen und bei Bedarf abgestraft worden war, erwies sich jetzt als kriminell, krankhaft, unmoralisch, als gefälscht, erstunken und erlogen. Dies ist stets eine Chance für die Kräfte der Verleugnung, die offensichtliche Schuld ausbeutend, den äußeren Anlaß, die beweisbaren Tatsachen als Indizien geschickt nutzend, um von der viel tiefer reichenden persönlichen Schuld abzulenken.

Die vorzeigbare Schuld des DDR-Systems ermöglicht es den meisten Menschen im Osten, ihre persönliche Schuld zu delegieren, und — was noch bedenklicher ist — dadurch wird die kritische Auseinandersetzung mit dem eigenen Leben nahezu paralysiert.

Die Überlegenheit der westlichen Lebensart ist historisch zunächst gegenüber dem »real existierenden Sozialismus« bewiesen. Doch eine Überlegenheit wohin? Was die Zerstörung unserer Welt und den möglichen Untergang der Menschheit anbetrifft, muß der Lebensstil der westlichen Industrienationen samt dem dazugehörigen Wirtschaftssystem als das wesentlich Gefährlichere angesehen werden. Es existiert noch und kann seine schädigenden Wirkungen noch ungezügelter entfalten, es erzeugt Süchte mit allen Schwierigkeiten des Ausstieges, und es bietet umfassende Ablenkungen und Illusionen, ein fast perfektes Ersatzleben — ein Disneyland, das sich mit der Simulation des wirklichen Lebens immer weiter in unsere Seelen frißt. Der trügerische Schein transportiert und verbirgt die Gefahr, die im »Sozialismus« immer bewußt und gegenwärtig war. Wie so vieles war aber auch das Ersatzleben im Osten nicht so perfekt wie im Westen – auch in unseren Neurosen scheinen wir im Osten eben nur zweitklassig zu sein. Wenn im Westen eh alles »besser« ist, warum sollen es nicht auch die Neurosen der Menschen sein? Wir werden jedenfalls jetzt umfassend »beglückt« damit.

Die Abwehr durch Überlegenheit und scheinbaren Erfolg ist auch viel schwerer aufzugeben, sie zerstört mit der unerschütterlichen Siegesgewißheit die mögliche Erkenntnis eigener Fehlhaltungen und verhindert damit eine wirkliche Auseinandersetzung. Aber ich will keine neue Schuldzuweisung unterstützen, denn an der »Befreiung«, die wir jetzt erleben dürfen, tragen wir eben auch erhebliche Schuld.

So tragen wir auf beiden Seiten dazu bei, daß wir statt einer Vereinigung längst einen verdeckten Bürgerkrieg provoziert haben, der vor allem um die alten wie neuen Pfründe ausgetragen wird. Die individuelle Schuldverschiebung, die noch als ein psychologischer Schutzvorgang qualifiziert werden kann, wird im Falle eines Massenphänomens zu einem äußerst gefährlichen Ereignis, zu einer Todsünde, die unser Überleben in Frage stellt. Zur Abwehr dieser bedrohlichen Folgen unseres Verhaltens brauchen wir einen moralischen Imperativ, der Schuldverschiebung als menschenfeindliche Haltung ächtet. Mit wechselseitigen Vorwürfen und Schuldzuweisungen dürfen wir uns nicht mehr von den wirklichen Problemen ablenken. Während wir noch an unserer Vereinigung kranken, toben um uns herum schon längst die neuen blutigen Schlachten, die im nationalistischen Gewand dem Bruder oder Nachbarn die Schuld zuweisen, die offenbar selbst zu erleiden und anzunehmen so schwierig ist.

5. Unsere gemeinsame deutsche Schuld

In diesem Buch bin ich bemüht, Strukturen und Mechanismen der Schuldverschiebung aufzuzeigen, die im Moment erneut das gesellschaftliche Leben in Deutschland prägen. Dies zu denunzieren halte ich für dringend erforderlich, weil wir bereits infolge unserer schuldhaften Destruktivität zwei höchst abnorme Gesellschaftssysteme hintereinander ausgestalten konnten und nicht zu erkennen ist, wodurch diese Gefahr gestoppt werden könnte. Die Ernüchterung brauchte einen Weltkrieg und den Holocaust, sie brauchte die entlarvende Implosion eines Unrechtssystems, die den Menschen die Entschuldigung der späten Erkenntnis schenkte. Die braune und die rote Gesellschaftsdeformation sind weder durch Einsicht und Vernunft noch durch den Willen der Menschen aufgegeben worden, sondern durch selbstverschuldete Katastrophen. Die eigene Schuld hat die Menschen überrollt und sie zum Innehalten herausgefordert, aber das Schulderleben ist ausgeblieben und findet auch jetzt nicht statt. Und was wir Deutschen nun zu erwarten haben, ist der Zusammenbruch des Wohlstandslebens, einer neuen Form schuldig-destruktiver Lebensart. Das anwachsende soziale Desaster könnte uns zur tieferen Erkenntnis verhelfen, vorausgesetzt wir wären schuldbereit, oder aber es wird uns anreizen, uns in einen erneuten Abwehrkampf zu stürzen, um die Früchte unserer »Tüchtigkeit« zu verteidigen, um unsere entfremdete Lebensart beizubehalten — dann eben brauchen wir neue Sündenböcke, denen wir unsere Schuld aufbürden können.

Im Moment wollen die Ostdeutschen so leben wie die Westdeutschen, und die Westdeutschen sorgen dafür, daß es um Gotteswillen keine Alternative dazu gibt. Denn jede Alternative würde Veränderung, unangenehme Einsicht und Schulderleben mit sich bringen. Und um das zu vermeiden, erfolgt im großen Stil eine kollektive Flucht in den Westen. Opfer unserer eigenen Schuldabwehr, wollen wir nicht bittere Erkenntnis, sondern geschenkte Erlösung — und wir sind nur die Vorboten eines weltweiten Geschehens. Der schuldig angehäufte Reichtum hat nicht nur berechtigten Protest, Neid und Haß bei den Benachteiligten geschürt, sondern auch eine illusionäre Hoffnung auf ein besseres Leben, das vor allem äußerlich gesucht wird, weil es zuvor innerlich zerstört wurde. In Deutschland — wo die Waffen noch schweigen — kann man den tragischkomischen und verzweifelten Umstieg von einer kollektiven Fehlhaltung in die andere studieren: von der zähneknirschenden Unterwerfung zur erschöpfenden Anpassung und Anstrengung, vom verlogenen Kollektivgeist zur überzogenen Individualisierung, vom Bonzen zum Manager, von der lähmenden Enge in die zerstreuende Weite, vom entnervenden Mangel in die lästige Fülle, von der klammernden Notgemeinschaft in die distanzierte Konkurrenzgesellschaft.

Dies kann so nicht funktionieren und erst recht nicht befriedigen. Das »Wirtschaftswunder« gab es nur einmal, es kann nicht beliebig wiederholt werden, und wollte man es auf Ostdeutschland ausdehnen, mit welchem Recht blieben dann die Polen, die Tschechen und Slowaken, die Ungarn, die Rumänen und Bulgaren, die Russen und ... und ... und ... aus dem vereinten Europa und aus dem Vorrecht des materiellen Überflusses ausgespart? Wir werden unseren Wohlstand auch mit Waffengewalt verteidigen müssen (das Problem deutete sich schon im Streit um die deutsche Beteiligung am Golfkrieg an) oder die schwierige Aufgabe zu lösen haben, unsere Schuld, unsere destruktive Lebensweise in der bisher so erfolgreichen Marktwirtschaft und dem »besten aller Systeme«, der parlamentarischen Demokratie, erkennen zu müssen.

Das letztere ist sehr unwahrscheinlich, widerspricht jeder psychologischen wie geschichtlichen Erfahrung, denn aus Einsicht und Vernunft sind noch nie wichtige Veränderungen vollzogen worden — dazu waren immer Not und Elend, Krise und Krieg notwendig, also lebensbedrohliche Ereignisse, angesichts derer der Blick in die eigenen Untiefen als ultima ratio gewagt werden kann, um dann aber schnell wieder von der eigenen Schuld verwirrt, einer neuen Verheißung zu folgen. Ich glaube nicht, daß wir diesem Schicksal entgehen können, und doch will ich aus meiner Feder wenigstens diese kurze Zeit zwischen roter und neuer Gewalt fließen lassen, was mich erregt und beunruhigt, und was ich mit einem Rest von Hoffnung hinausrufe, bevor das neue große Schweigen verordnet wird.

Wir haben eine einzigartige Möglichkeit, die Mechanismen der Schuldverschiebung im großen Stile zu beobachten und teilweise auch zu verstehen. Deutschland ist unfreiwillig zu einem psychologischen Labor geworden. Nur gibt es dabei keinen Experimentator, so daß die Wahrscheinlichkeit für unkontrollierte Prozesse wächst.

Es begann schon alles überraschend, unerwartet und vor allem in seinen Auswirkungen so von niemanden gewollt. Das sozialistische Weltlager ist auseinandergebrochen, die nationalen kommunistischen Herrschaftssysteme sind kollabiert. Es gab jedenfalls keine Revolution der Art, daß irgendeine politische Gruppierung gezielt das jeweilige rote Herrschaftssystem hätte abschaffen und sich selbst zur Macht bringen wollen. Die revolutionären Bewegungen im Jahre '89 waren nur die Begleitmusik eines Unterganges, der dadurch lediglich etwas beschleunigt und ausgeschmückt wurde.

Wir müssen zwischen der großen und der kleinen Perspektive unterscheiden. Die kleine Sichtweise ergibt sich aus den subjektiven Erfahrungen der beteiligten »Revolutionäre«, für deren Würde und Selbstwertgefühl der »aufrechte Gang« bei den Demonstrationen, die Aktivierung der gehemmten Energien, das Durchbrechen der auferlegten Verbote und Tabus, das anfängliche Mitgestalten und die unvergeßliche Aufbruchstimmung den Wert kollektiver Gesundung beanspruchen können. Allerdings reichten Raum und Zeit nicht aus, um daraus einen nennenswerten individuellen Gesundungs- und Reifeprozeß wachsen zu lassen. Die revolutionäre Energie verpuffte mit dem Mauerfall, und je mehr wir in den Westen ausschwärmten und staunten und uns blenden ließen und suchten, was dort nicht zu finden ist, desto mehr verloren wir den erforderlichen Druck für Zusammenhalt und die Mühen der Neugestaltung, die an Schulderkenntnis gebunden gewesen wäre.

Der größere Blickwinkel macht verständlich, daß der unerwartete Zusammenbruch eines Weltreiches, dessen Nutznießer wir nun sind — falls wir überhaupt Nutzen daraus zu gewinnen in der Lage sind —, nur das Symptom einer globalen Krise darstellt, die mit der ökologischen Katastrophe und dem Nord-Süd-Konflikt eine neue Etappe der Geschichte dieser Erde manifestiert. Wir haben das Symptom einer weltweiten Krankheit vor uns, die bisher symptomatisch mit den Mitteln kuriert zu werden versucht wird, mit denen sie wesentlich erst verursacht wurde: mit Geld und Macht. Selbst der herausragende Gorbatschow kann in diesem Zusammenhang nur als ein Symptomträger und nicht als ein Gestalter verstanden werden — er wäre nie zur Macht gelangt, wenn nicht bereits die Kräfte des Sozialismus erschöpft und die illusionäre Hoffnung auf eine Rettung durch »Westflucht« die unterschwellige Bewegungsrichtung vorgezeichnet hätte. Zwar sind Michail Gorbatschow, Lech Walesa, Vaclav Havel beeindruckende Persönlichkeiten, denen wir Deutschen nichts Gleichwertiges an die Seite stellen können, wir haben nur die zwielichtigen Gestalten eines Egon Krenz, Hans Modrow, und Lothar de Maizière aufzubieten. Doch der rasche Verschleiß des Charismas auch der herausragenden Männer des Ostens läßt die dunklen Kräfte erahnen, von denen die Geschichte im Augenblick vorangetrieben wird. Es ist keine Zeit der Gestaltung, das Weltgefüge ist in Bewegung geraten, ein Dammbruch kündigt sich an, ein Erdbeben, ein Vulkanausbruch der gestauten Energien – erst nach der umfassenden Erschütterung wird gezielte Gestaltung (vielleicht) wieder möglich werden. Auch der Kanzler der deutschen Einheit und die Gestalter der europäischen Gemeinschaft werden sich nicht in das Jahrtausendbuch der Geschichte eintragen können, dies wird dem neuen »Helden« und künftigen Diktator der anstehenden Verteilungskämpfe vorbehalten bleiben.

Doch zurück zur kleineren Perspektive, die uns den Vorgang der Schuldverschiebung besser näherbringen kann. Das, was als »friedliche Revolution« gefeiert und hochstilisiert wird (ein Vorgang der Schuldabwehr), nenne ich den »Aufstand der Neurose«. In der ersten Phase wurde dem Ruf der Fluchtbewegung: »Wir wollen raus!« das trotzige »Wir bleiben hier!« entgegengeworfen, und in der zweiten Phase wurde der endlich stolze Aufschrei »Wir sind das Volk!« rasch erstickt von der Formel der begehrlichen Bedürftigkeit »Wir sind ein Volk!«, mit der die Masse der ostdeutschen Bevölkerung bereits ihre Erwartungshaltung zu erkennen gab. Die Protestbewegung endete bei der Stasi, um dann jäh abzubrechen und sich im geltungsstrebigen Kleinkrieg untereinander zu erschöpfen oder in die Weite und Vielfalt der unbekannten Möglichkeiten nach der Grenzöffnung zu verlaufen. Den Mauerfall möchte ich nahezu als einen Akt von »Psychokinese« verstehen, er hat alle Beteiligten – die Bonzen und Sicherheitskräfte, die Opposition, die westdeutschen Politiker und die Bevölkerung auf beiden Seiten vor sehr unangenehmen Erkenntnissen geschützt.

So konnten die Hauptschuldigen an den DDR-Verhältnissen sicher sein, weitgehend unbehelligt zu bleiben, bei etwas Glück sogar sich in neuen Geschäften bald wieder zu etablieren – Geld, Immobilien, Herrschaftswissen und die Verbindungen durch »Seilschaften« sind ihnen weitgehend geblieben, oder sie haben sich dies noch während der Wende zugespielt. Im Rechtsstaat sind sie sicher, ihre wesentliche Schuld wird da nicht verfolgt, sondern eher gewürdigt. Nur ein paar greise Sündenböcke werden wegen lächerlicher Delikte beschuldigt – Augenwischerei! Man darf einen Schalck-Golodkowski als Barometer der großdeutschen Wetterlage ansehen: Solange für ihn »schönes Wetter« ist, wird in Deutschland keinem größeren Schurken auch nur ein Haar gekrümmt.

Die Oppositionellen mußten nicht an die Macht, sie konnten ihr angelerntes Abwehrverhalten einfach fortführen und zusätzlich durch Protesthaltung zu Ansehen und Geld kommen. Sie ließen sich schnell vermarkten und als Alibifunktion in das neue Machtsystem integrieren.

Und für die Westpolitiker war der Mauerfall eine ganz seltene Gelegenheit, sich vom Hauch der großen Geschichte anwehen zu lassen und die euphorische Situation zur persönlichen Aufwertung und zur Stärkung der jeweiligen Partei zu nutzen. Wie die Autohändler, die Versicherungsmakler und die Kaufhausketten haben sie das ostdeutsche Wählervolk unter sich aufgeteilt, und dabei waren sie sich nicht zu schade, die »Blockflöten« ohne Reinigungsbad mit zu übernehmen. Allein dieser Vorgang macht die Parteien unglaubwürdig: Moral, Gesinnung, gewachsenes politisches Programm spielen offenbar keine Bedeutung mehr in der deutschen Politik. Das ist nur noch peinlich.

Ohne die Grenzöffnung hätten wir im Osten die Klärung unserer Verhältnisse vorwiegend allein voranbringen und verantworten müssen. In heftigen Auseinandersetzungen hätten wir über unsere Schuld befinden müssen und wären dabei unweigerlich auf die Personen und Strukturen gestoßen, die unsere Unterwerfung ganz konkret vollzogen haben, wenn wir uns nicht wie zum Beispiel in Jugoslawien in einen Bürgerkrieg geflüchtet hätten. Wir wären dran gewesen, die an uns begangene Schuld zu erfahren, Eltern, Erzieher und die ganze Skala der Machtausübenden wären vor allem in ihrem destruktiven Einfluß enttarnt worden – wir hätten unsere sinnlosen Schuldgefühle aufgespürt und wären schließlich bei der eigenen Schuld von Mitläufertum und Mittäterschaft, von Feigheit, Passivität und Subalternität, von Selbstzensur, Kniefall und Bückling, peinlichen Zustimmungen, Nach-dem-Munde-Reden und Schweigen, dem völlig überflüssigen Gesabber von Zustimmung und Danksagung und der eigenen Phrasendrescherei, dem Stimmeabgeben und Defilieren und der Einschüchterung und Ängstigung unserer eigenen Kinder angekommen. Denn wir haben unsere Schuld an sie schon längst wieder weitergegeben. Das alles ist offensichtlich für die meisten zuviel gewesen.

So wurde auf den schnellen Beitritt gesetzt. Auch die »erste demokratische Wahl« auf dem Boden der DDR war eine Wahl der Schuldabwehr. Das für alle überraschende und für viele peinliche Ergebnis mit dem hohen Erfolg der Blockpartei CDU spricht für sich. Und sofort waren die Verwalter der Schuldgefühle zur Stelle, die vor einer Beschimpfung der Wähler warnten und das Ergebnis, wie in einer Demokratie üblich, als Volkes Wille hinzunehmen sei. Schon hier deutete sich das Ende dieser Demokratie an, der Machtinteressen mehr bedeuten als bittere Wahrheiten. Nein, ein großer Teil des Volkes hat sich einfach dumm, kurzsichtig und neurotisch verhalten, er hat gegen die eigenen Interessen gewählt, hat sich selbst aufgegeben und ausgeliefert. Dieses auffällige Verhalten kann nur als ein Vorgang kollektiver Schuldabwehr interpretiert werden.

Der »Beitritt« produziert statt dessen aber massenhaft Schuldgefühle. Alle notwendigen Zutaten dafür sind gegeben: Da ist das Schuldgefühl, die eigenen Autoritäten und all das, was man jahrelang verehrt, an was man geglaubt hat, verraten und verkauft zu haben, da sind die fremden Normen und die autoritäre Nötigung, ihnen zu entsprechen und zwar mit existenziellem Nachdruck. Zugleich ist es unmöglich, den neuen Erwartungen rasch und gut zu entsprechen, da fehlen einfach 40 Jahre spezifische Erfahrungen mit entsprechendem Anpassungstraining. Und im Vergleich zu den westlich Sozialisierten müssen die eigenen Fähigkeiten, die für ganz andere Lebensformen entwickelt wurden, als sehr bescheiden erlebt werden. Ein ganzes Volk ist in den Zustand von Schülern und Lehrlingen zurückversetzt worden. Wenn man wenigstens sagen könnte, aus der alten Sackgasse sei jetzt endlich der richtige Weg gefunden, dann wäre es lediglich der traurige Preis für eine verlorene Generation, aber es ist eher eine neue Sackgasse zu befürchten, in die wir uns haben freiwillig locken lassen und in die wir wie die blöden Hammel auch hineingestürzt sind.

Die Minderwertigkeitsgefühle, die wir Ostdeutschen angesichts der neuen Maßstäbe empfinden müssen, ebnen den Westdeutschen die Wege zur Macht, wie ehemals Angst den Bonzen Herrschaft erlaubt hatte. Zu den günstigen Voraussetzungen für Schuldgefühle an Stelle von Schuld gehört auch die Labilisierung der Menschen durch den eingetretenen Werte- und Orientierungsverlust, der rasch nach neuem Halt suchen läßt, um die Angst, die Verunsicherung des Verlustes nicht erleiden zu müssen, auch die mit Haß erstickte Trauer gehört hierher. Der zwangsläufige Dilettantismus bei Neuorientierung läßt Schuldgefühle natürlich wuchern.

Und alles, was im Moment geschieht und getan wird, befreit nicht unterdrückte Natürlichkeit, sondern zwingt nur eine andere Entfremdung auf, der das Volk der ehemaligen DDR fast widerstandslos und massenweise zum Opfer fällt. Die neue Entfremdung wird vor allem durch die Wirkung des Geldes durchgesetzt. Bei all dem ist der Ostbürger zu einer Anpassung gezwungen, die das furchtbare SED-Regime mit aller Stasi-Furcht niemals in diesem Umfang zustande gebracht hätte. Die Entfremdung durch Geld geht tiefer, ist in ihren Wirkungen verheerender und zerstörender, ganz offenbar weil die Menschen auch weniger Abwehr dagegen aufzubringen in der Lage sind. Offenkundig haben wir noch nicht genug Antikörper gegen die Geldwirtschaft erworben.

Wenn ich über diese Erfahrung spreche und meine Meinung mitteile, werde ich meist gefragt, welche Alternative es denn zur Wirtschafts- und Währungsunion hätte geben können? Und überhaupt, so zu denken, sei wirklich undankbar, denn wir brauchten nur weiter nach Osten und nach Süden zu schauen, wo die Menschen sich alle Finger danach lecken würden, nur ein Bruchteil unseres neu gewonnenen Geldes zu bekommen. Die Vorwürfe sind berechtigt und gehen doch an der eigentlichen Frage vorbei, sie dienen der Schuldabwehr. Ich weiß nicht, ob es bei der deutschen Vereinigung eine politisch durchsetzbare wirtschaftlich sinnvolle Alternative hätte geben können, man darf darüber spekulieren, aber keiner weiß es wirklich. Und natürlich möchten die meisten Menschen auf dieser Welt so viel gutes Geld wie nur möglich haben. Solche Fragen sind letztlich sinnlos. Es geht doch nicht darum, was wir hätten bessermachen können als wir wirklich konnten. Es ist aber möglich zu verstehen, weshalb wir uns so und nicht anders verhalten und entschieden haben, oder wer was und wie zu verantworten hat und was wir daraus erkennen können. Aber wir können erkennbare Fehler eingestehen und bessere Wege suchen. Nur darum kann es doch wirklich gehen.

Wir können jetzt mehrere Tatsachen benennen:

– Die Wirtschafts- und Währungsunion hat mehr Arbeitsplätze vernichtet und Menschen arbeitslos gemacht als wir wissen, glauben oder wahrhaben wollten.

– Die deutsche Einheit kostet wesentlich mehr Geld als alle gedacht haben und wird noch mehr kosten als allen recht sein wird.

– Ein Wohlstandsausgleich zwischen Ost- und Westdeutschland bleibt ein frommer Wunsch oder eine Lüge der Politiker, es sei denn, in Westdeutschland wird auf weiteres Wachstum für Jahre verzichtet.

– Wenn das kleine und ehemals im sozialistischen Lager so entwickelte Ostdeutschland derart in die soziale Krise gerät und das große Westdeutschland in nie geahnte wirtschaftliche Nöte kommt, wie sollen dann erst die riesigen Probleme der übrigen östlichen Länder und die der Dritten Welt nur annähernd gelöst werden? Wenn wir also bei unserer Lebensweise bleiben, ist der Konflikt vorprogrammiert, die neuen Mauern mit Schießbefehl können jetzt schon (oder sind es vielleicht schon) geplant werden und werden aber genausowenig helfen wie die ehemalige Mauer.

Die Vereinigungspolitik scheitert an den psychologischen Grenzen der Menschen und an den globalen Problemen dieser Welt. Jetzt können wir uns gemeinsam hinsetzen und uns befragen, ob es überhaupt noch eine Alternative gibt. Diese Frage ist ernst, belastend und bedrohlich, wir werden sie wohl nicht beantworten wollen. Wir werden lieber in den Krieg ziehen. Die Eröffnung hat schon stattgefunden: Krieg gegen Ausländer, Krieg gegen Rechtsradikale, jetzt braucht bald nur noch einer zu kommen, um mit irgendwelchen »Autobahnen« die Arbeitslosigkeit abzubauen und den neuen »Feind« zu benennen. Wer dies verhindern will, muß mit dem Volk eine neue Lebensform entwickeln, aber das gibt diese Demokratie der entfremdeten Bedürfnisse und der narzißtisch vereinzelten und heillos miteinander wetteifernden Individualisten nicht mehr her.

Die vermiedene Macht

Der Wahlsieg der CDU am 18. 3. 90 in der DDR brachte folgerichtig Lothar de Maizière an die Macht – einen Mann, der später nicht nur als Stasi-Spitzel »Cerny« belastet wurde, sondern der von Anfang an seinen politischen Auftrag darin sah, die DDR so schnell wie möglich an die Bundesrepublik Deutschland anzugliedern. Ich erinnere noch ein Interview, in dem er sich selbst nur als eine Übergangsfigur einschätzte, die lediglich die Aufgabe des Beitritts zu erfüllen habe. Auch hier stimmt der Satz: Jedes Volk hat die Regierung, die es verdient! Der kleine schmale, eher schüchterne Mann hat nicht nur gegenüber dem großen dicken und machtbewußten Bundeskanzler sinnbildlich die Verhältnisse verkörpert, nein, er war vor allem auch das Abbild der von der Masse erwünschten Schuldabwehr und die Inkarnation des Schuldgefühls, sich an der Macht vergriffen zu haben.

Die Macht, die aus Obrigkeitsfurcht revolutionär gar nicht erobert worden war, wurde in die Hand dieses zerbrechlichen und zwielichtigen Ministerpräsidenten gelegt, der sie auch nicht übernehmen und ausgestalten wollte, sondern wie eine »heiße Kartoffel« so schnell wie möglich weitergeben und damit wieder abgeben sollte.

Die vermiedene Macht ist die Schuld eines ganzen Volkes. Hier schlagen Unsicherheit, Gehemmtheit, Angst und Feigheit, Unterwerfungs- und Anpassungsbereitschaft vor allem aber auch Bequemlichkeit und illusionäre Erwartungen – die Symptome der Schuldgefühle – noch einmal voll zu. Die archaische Scheu, Autorität wirklich zu schlachten, die Scheu vor notwendiger Aggressivität, die Scheu vor dem Risiko der Verantwortung, den Mühen der Klärung und Neuordnung, dem Verzicht auf Verheißung und Erlösung haben das auf Gehorsam und Anpassung, auf Disziplin und Ordnung gedrillte Volk überfordert und schuldig werden lassen.

Gerade die peinliche Tatsache, daß in die neuen politischen Führungsfunktionen auffällig viele Stasi-Mitarbeiter gewählt wurden, wirft ein bezeichnendes Licht auf diese »Revolution«. Im Grunde genommen bleibt uns nur die beschämende Erkenntnis, daß wir uns keine Zeit ließen und weder Mut noch Energie aufbrachten, um die neuen »Volksvertreter«, denen wir Vertrauen gaben und Macht über uns verliehen, auf ihre moralische Integrität und politische Kompetenz zu prüfen. Für viele war der Schulddruck offenbar so groß, daß in einer neuen Unterordnung die schnellste Entlastung erhofft wurde. Im Schulddruck liegt die Erkenntnis mit dem Wieder-Fühlen des Selbsterlittenen und des schließlich Selbstausgeübten verborgen. Selbstbestimmung müßte dies unweigerlich aufwühlen und aufdecken, so muß Autonomie mehr ängstigen als jede Unterwerfung. Im letzteren kennen sich die meisten von uns aus, aber das erstere würde uns mit dem ganzen verfehlten Leben konfrontieren.

Wenn im scheinbaren Gegensatz dazu die Völker der Sowjetunion, Jugoslawiens und jetzt auch der Tschechoslowakei um nationale Eigenständigkeit Kämpfe, mitunter auch blutige, austragen, kann ich darin nur eine andere Form der Schuldabwehr erkennen: die Geschwisterrivalität, der Bruderkrieg als die häufigste Form, um schuldige »Eltern« zu schonen, die Wahrheit über sie zu vermeiden und das eigene Schuldiggewordensein am Bruder oder der Schwester zu bekämpfen. In Deutschland haben wir nur eine Sonderform: Die Menschen in Ostdeutschland wollen den Reichtum der Geschwister, aber nicht den Preis dafür zahlen. Sie wollen leben wie die Wessis, aber Ossis bleiben! Und die Hilfe, die aus dem Westen kommt, erwartet nicht etwa nur Dankbarkeit, sondern knallharte Gewinne. Dieser Bruderkrieg wird vorerst nicht mit Geschützen ausgetragen, sondern mit Geld. Dies ist die folgerichtige Konsequenz unserer Schuld, die Macht nicht ergriffen zu haben. Statt dessen haben wir den Schwächsten der Schuldigen, den inoffiziellen Mitarbeitern der Stasi, das Feld überlassen, wir haben sie vorgeschickt, damit sie ihr schmutziges Werk vollenden und die Macht in die Hände das Kapitals legen, damit unsere Demütigung nicht beendet wird. Ein Volk wählt sich die eigenen Verräter zu Führern.

Und was mag in den Menschen vorgehen, die sich in neue Ämter wählen lassen, obwohl sie ja am besten um ihre belastete und entehrte Vergangenheit wissen und eine Enttarnung fürchten müssen? Was läßt sie ein solches Leben auf sich nehmen, ständig auf der Flucht vor der Wahrheit, stets auf der Hut sein zu müssen mit dem ewigen Streß des Doppellebens? Aber gab es dieses Doppelleben wirklich? Wenn wir uns nach der Psychologie der inoffiziellen Mitarbeiter der Staatssicherheit fragen, so fällt auf, daß sie auch nach der Wende fast alle schweigen — ganz selten nur offenbart sich einer von selbst —, daß sie, wenn sie in den Verdacht geraten, hartnäckig leugnen, und ihr Tun dann bagatellisieren, wenn sie doch überführt wurden (»Ich habe aber keinem geschadet«) und meistens auch kein besonderes Schuldbewußtsein erkennen lassen.

Nach meiner Erkenntnis liegt die Erklärung darin, daß sie eben gar kein »Doppelleben« führen mußten, sondern daß ihr Dienst für die Stasi nur eine andere Variante ihres sonstigen Lebens war. Ist erst einmal eine entfremdete Lebensart aufgenötigt, muß sich der Mensch in der Regel für sein weiteres Überleben abpanzern, seine Zweifel und ihn belastende Gefühle abschnüren und sein Verhalten dann einer Ideologie unterwerfen und auch damit erklären. So kann auch moralisch verwerfliches Handeln zur normalen Selbstverständlichkeit, zu einer sinnfälligen Aufgabe und Pflicht und wichtigen Funktion umgedeutet werden. Denn damit muß ja eine vorhandene innere Leere ausgefüllt, erlittene Kränkungen abgemildert und seelische Defizite ausgeglichen werden. Menschen, die als Kinder unbefriedigt blieben und nicht wirklich bestätigt wurden, die man aber dann auf die »Leistungsschiene« gesetzt hat und die so endlich etwas Anerkennung für Tüchtigkeit bekamen, können eine Karriere praktisch gar nicht mehr vermeiden. Die tiefe Bedürftigkeit schiebt alle moralischen Bedenken beiseite und bagatellisiert die Furcht vor einer möglichen Aufdeckung. Oder es gibt gar kein Unrechtsbewußtsein mehr, weil der Spitzeldienst längst nur noch einer »gerechten Sache« diente und der Verrat in eine notwendige Hilfe umgemünzt wurde.

Einmal die Karriere oder die konspirativen Dienste zum Ersatz für eine unsichere Identität und für ungelebtes Leben gemacht, ist der Ausstieg ähnlich schwer, wie von Alkohol oder Nikotin loszukommen. Und gibt es eine Möglichkeit oder gar einen Ruf, eine neue Verantwortung zu übernehmen, würde eine Ablehnung das ganze bisherige Lebensarrangement in Frage stellen und schmerzliche Erschütterung (Entzugssymptome!) wären unvermeidbar. Und dieser Schmerz wird dumpf als wesentlich gefährlicher erlebt als die Gefahr, enttarnt zu werden. Die frühen Erfahrungen erinnern zu müssen, die das verzweifelte Tun als Erwachsener überhaupt erst ermöglicht haben, hat immer eine existenzielle Dimension, weil es letztlich beim Säugling oder Kleinkind um Sein oder Nichtsein geht, und die Lebensberechtigung insgesamt oft genug mit Anpassung »erkauft« werden mußte. Dagegen ist die Peinlichkeit, enttarnt zu werden, ein Klacks, ja nahezu Stoff zum Überleben, ein Schicksalsschlag, von dem sich zehren läßt. Es sei damit auch ausdrücklich ausgesagt, daß wohl die meisten Menschen als IM hätten dienen können, wenn die Stasi so viele gebraucht hätte. Das seelische Feld dafür war jedenfalls massenhaft und umfassend vorbereitet.

Es gibt noch eine andere Erklärung, die mir immer wahrscheinlicher wird, weshalb die IMs schweigen. Sie haben gar kein Unrechtsbewußtsein, weil ihr Dienst einer »gerechten Sache« oder gezielten Aufgabe diente und der Verrat im eigenen Selbstverständnis als notwendige Rettung umgemünzt wurde. Die These einer »Stasi-Verschwörung« muß ernsthaft diskutiert und die historische Forschung dazu angeregt werden.

Spätestens mit Gorbatschow waren die alten Machtverhältnisse in den sozialistischen Ländern ins Rutschen geraten. Gewissen Personen im Staatssicherheitsdienst konnte nicht verborgen bleiben, daß der Zusammenbruch des sozialistischen Systems in der bisherigen Form nur noch eine Frage der Zeit war und dringend neue Strukturen gefunden werden mußten. Es muß auch klar gewesen sein, daß dies mit den alten »Betonköpfen« nicht mehr zu machen war. Eine Veränderung, ein Machtwechsel, ein Putsch war also naheliegend. Dieser konnte nur mit einer Öffnung nach dem Westen, durch kontrollierte Liberalisierung des politischen Lebens und marktwirtschaftliche Bemühungen gelingen: Man mußte ja das Volk dafür gewinnen und mit dem beliebten Hoffnungsträger Gorbatschow waren durchaus realistische Chancen dazu eröffnet. Niemand hätte den Zusammenbruch des ganzen sozialistischen Weltreichs für möglich gehalten, also konnten vorsichtige Veränderungsschritte auch auf wohlwollendes Interesse und aufatmende Unterstützung in der Bevölkerung hoffen.

Vielleicht haben informelle Gruppen in Partei und Stasi (zum Beispiel mit Markus Wolf, Egon Krenz, Günter Schabowski, Hans Modrow, Schalck-Golodkowski oder auch anderen) einen Umsturz vorbereitet, der ihnen später nur (oder nur zum Teil) aus der Kontrolle entglitten ist. Die Mächtigen allein hatten es in der Hand, die Fluchtwelle zu dosieren, den Ablauf der »Revolution« zu steuern, über Blutvergießen zu entscheiden, die Mauer zu öffnen und dann alle einflußreichen neuen Positionen mit ihren Gefolgsleuten zu besetzen. Dies ist vor allem das Auffälligste, daß mit Lothar de Maizière, Ibrahim Böhme, Wolfgang Schnur, Manfred Stolpe und anderen überall Gewährs- und Vertrauensleute der Stasi in die neuen Machtpositionen gehievt waren. Aber auch mit Krenz, Modrow, Gysi, Diestel und anderen wurden wichtige Führungsfunktionen besetzt, um das schlimmste — die Vollendung der Revolution — zu verhindern und — als die Verhältnisse nicht mehr steuerbar waren — eine geordnete, schonende und möglichst einfluß- und besitzerhaltende Übergabe an die Bundesrepublik zu sichern.

Schalck-Golodkowski hat auch dieses »Geschäft« gemanagt. Eine solche Connection könnte viele Ungereimtheiten erklären: Warum Schalck als freier Mann am Tegernsee sitzt, wieso Honecker fliehen konnte, weshalb Honecker nun »freiwillig« zurückkehrt (nachdem klar war, daß es zu keinem Prozeß mehr kommen wird — die russischen Ärzte werden wohl noch den Gesundheitszustand beurteilen können, dazu sind nicht erst deutsche Gutachter vonnöten), weshalb de Maizière in Amt und Würden blieb, obwohl die Bundesregierung schon längst von seiner IM-Belastung wissen mußte, weshalb so viele peinlichen Ehrenerklärungen für Stolpe abgegeben werden (wozu brauchen wir denn noch einen parlamentarischen Untersuchungsausschuß, wenn schon vorher alles klar ist, oder sind alle Ehrenheuchler bereit, ihren Hut zu nehmen, wenn sie sich in ihrem voreiligen Votum doch geirrt hätten?), weshalb Stasi-Akten wichtiger Akteure verschwunden sind, weshalb ehemalige »hauptamtliche« Täter ungeschoren bleiben und sich in neuen Geschäften bereichern können, weshalb das ehemalige »Volkseigentum« dem Volk entzogen und dem Kapital zugeschanzt wird.

Ist es wirklich so absurd, einen Ost-West-Handel zu vermuten zum Schutze der Machtinteressen auf beiden Seiten? Jedenfalls stimmten die Sicherheitsinteressen der DDR und das politische Kalkül der westlichen Ostpolitik schon immer überein: die Erhaltung des Status quo, die garantierte Stabilität, die Schwächung der Opposition (siehe Menschenhandel!), und auf jeden Fall keine Unruhen. Dies alles bedeutet zumindestens einen Spagat zwischen politischem Pragmatismus und politischer Moral. Fehler und Schuld sind dabei allemal anzutreffen, und nur die Analyse des konkreten Verhaltens und der Motive einzelner Personen könnte eine Annäherung an die Wahrheit erlauben. Eine historische Bewertung greift zu kurz, wenn nicht die persönlichen seelischen Befindlichkeiten für diese oder jene Entscheidung in die Beurteilung mit einbezogen werden.

Warum erörtere ich überhaupt solche Hypothesen? Um die Sinne zu schärfen und naives Vertrauen zu erschweren, wenn es darum geht, über unser Leben zu entscheiden. Leider müssen auch die neuen »demokratischen« Verhältnisse argwöhnisch beobachtet und politische Entscheidungen nicht nach ihrem kurzzeitigen propagandistischen und suggestiven Wert, sondern an ihrem Dienst für Menschlichkeit und Lebenserhaltung in einer langfristigen und globalen Perspektive bemessen werden.

Die Machenschaften in den oberen Etagen wären aber auch nicht möglich, wenn nicht im Volk vergleichbare Interessen vorlägen. Von der eigenen Schuld wird eben gerne nach oben oder nach unten abgelenkt. Zweifelhafte Kungelei der Mächtigen und sozial schwache und moralisch angeschlagene Machtlose sind dann willkommene Opfer. So wurden eben auch belastete Personen ohne kritische Prüfung in neue Machtpositionen gewählt und werden sogar um jeden Preis (siehe Stolpe) darin gehalten – zur Pflege der Sündenbock-Möglichkeit.

Vorerst wird aber mit der Hetzjagd auf die inoffiziellen Mitarbeiter ein Dauerbrenner der Schuldverschiebung nach unten installiert. Wie so oft: Der Sündenbock bringt eigene Schuldanteile ein, die aber maßlos aufgebauscht und mit Hilfe der Sensationslüsternheit, die vor allem von den Medien geschürt wird, die viel problematischere Schuld der vielen verbergen und vergessen machen sollen: die unkritische Bereitschaft, Verheißungen zu folgen und sich allzu leicht verführen zu lassen, die verweigerte Verantwortung für das eigene und das gesellschaftliche Leben, die passive Bequemlichkeit, die Feigheit, die eine offene und kritische Auseinandersetzung, den Streit und Meinungskampf vermeiden will, die dumpfe Autoritätsgläubigkeit, die falsche, auch unechte Ehrfurcht vor der Obrigkeit. Am Stammtisch aber, im politischen Café-Tratsch, läßt das larmoyante Geläster keinen Zweifel daran, daß des Volkes Stimme zu Wahrheit fähig ist, aber eben nur hinter vorgehaltener Hand.

Der Allerwelts-Neurotiker lebt eben gerade davon, daß er am anderen und bevorzugt an den Oberen alles Gestörte, Fragwürdige, Anrüchige sucht und erkennt, um die eigene Schmach nicht mehr sehen zu müssen. *Du bist schuld ...!* – ist das Überlebensspiel eines durch autoritär-repressive Prinzipien in seiner moralischen Integrität schwer gestörten Volkes. Also müssen die dazu passenden Sündenböcke – leider nicht in die Wüste – sondern an die Macht gehievt werden, damit man dort über sie klagen und schimpfen, an ihnen leiden und sie bei passender Gelegenheit endlich genußvoll denunzieren und demontieren kann. Das Unbewußte hat längst – praktisch als Vorrat zur Gewissensentlastung, wenn das eigene Versagen auf einen selbst zurückzuschlagen droht – die Persönlichkeiten an die Spitze gewählt, bei denen man die Schwächen, die potentielle Korruptheit, die wacklige Integrität dumpf erspürt, ohne dies je bewußt machen zu müssen. Das Unbewußte hat eben seine eigene Erkennungssprache, die über Körperform und -haltung, Gestik und Mimik, über Sprachmodulation und Bewegungen ihren beredten Ausdruck findet. Ich bin überzeugt davon, daß das Unbewußte mit dem Unbewußten anderer Menschen direkt kommunizieren kann.

Für die Apologeten der Demokratie, dem »besten aller Systeme«, sei dies ausdrücklich ausgesagt: So wie das demokratische System nach dem Osten gebracht wurde – anbiederisch, aufdringlich, besserwisserisch, belehrend, machtbesessen und wählerstimmengierig –, wird der hohe Wert der Demokratie zunehmend entehrt und sinnentleert. Daran haben vor allem die prominenten Politiker, die Verwaltungskoryphäen und Wirtschaftsleader des Westens Schuld, die mit ihrer unbeherrschten Überheblichkeit so auftreten, als könnten nur sie Politik machen und verstehen – bereits der Stellvertreter-Wahlkampf, der im Frühjahr '90 im Osten geführt wurde, hat als Versuchungssituation die süchtigen Ansprüche der politischen Klasse entlarvt. So kann Demokratie nicht mehr als eine gesunde Form gesellschaftlicher Strukturierung erlebt werden, dafür aber immer mehr als eine neue Phrasenideologie, und damit wird die Demokratie ein Schicksal teilen, das bereits dem Christentum und dem Sozialismus widerfahren ist, nämlich daß hohe ethische Werte, indem sie institutionalisiert und bürokratisiert wurden, immer mehr erstarren und dann durch ideologisierte Propaganda ersetzt werden.

Welche Kräfte mögen im Spiele gewesen sein bei der verheerenden Idee, Demokratie – wie erlebt – einfach transformieren zu wollen? Das muß zu einem Schmierentheater degenerieren. Oder braucht Demokratie keine hinreichend geprüften und integren Persönlichkeiten, die für ein politisches Wahlamt kandidieren? Ist für die Wahlentscheidung nicht mehr ein gereiftes politisches Bewußtsein erforderlich, das halt nicht nur zum Falten eines Stimmzettels gebraucht wird, sondern zur kritischen Auseinandersetzung mit politischen Programmen und zum Durchschauen billiger, aber oft geschickt gemachter Wahlkampfpropaganda fähig ist? Ist Demokratie nur noch auf Dummenfang aus – welche Partei kann am wirkungsvollsten das Volk verarschen? Soll nach Ehrlichkeit, Redlichkeit und dem überzeugendsten Programm gewählt werden oder nach Propaganda und Reklametricks? Geht es um die schnelle und vordergründige Erfüllung neurotischer Bedürfnisse oder um verantwortungsvolle und langfristige und komplexe Aufgaben? Sind die Politiker für die Interessen des Volkes da, oder ist das Volk für die Befriedigung der neurotischen Bedürfnisse der Politiker da? Diese Fragen kommen mir alle erst, seitdem ich das vielgerühmte westliche Demokratiesystem kennengelernt habe. Und da Demokratie von Mehrheiten lebt, läßt sich mit Hilfe eines demokratischen Reglements noch die brutalste Diktatur einer Mehrheit über eine Minderheit verschleiern. Hatte Ostdeutschland denn je eine echte Chance, eigene Bedürfnisse zu entfalten und Interessen auf demokratischem Wege durchzusetzen? Ob für das Zustandekommen des Einigungsvertrages überhaupt noch demokratische Kriterien angenommen werden dürfen, sollte sehr bald von den Historikern untersucht und beurteilt werden. Und haben wir schon begriffen, was wir da die de Maizières, Diestels und Krauses haben machen lassen? Waren das die Vertreter unserer Interessen oder unserer Neurosen?

Jedesmal, wenn bei streitigen Auseinandersetzungen westdeutsche Diskutanten zum Schlag, zur letzten Waffe ausholen, weil ihnen wegen eigener Betroffenheit die Argumente ausgehen und sie dann losplatzen: Schließlich hätten wir das ja alles im Osten so gewollt, und durch »demokratische« Wahlen sei der Wille des Volkes klar ausgedrückt worden, dann kommen in mir die altbekannten Stimmen der SED-Propagandisten und Agitatoren zum Klingen, die am Ende ihrer kargen Wahrheit stets die »Machtfrage« stellten und den Abweichler von der erlaubten Linie als »Klassenfeind« brandmarkten. Zwar haben die de Maizières und Krauses mit dem Einigungsvertrag die Interessen des Volkes verkauft, und das noch alles rechtens und legal, und die Absahner, denen sie uns vorgeworfen haben rufen: Demokratie, Marktwirtschaft, Aufschwung Ost – der Wille des Wählervolkes geschehe, so wie im Westen so auf Erden! –, doch sind wir im Osten bezogen auf ganz Deutschland weder mehrheitsfähig noch haben wir Kapital genug, um im marktwirtschaftlichen Wettbewerb nur die geringste Chance zu haben. Allein die Mietpreise regeln, ob ein Ostdeutscher noch irgendwo ein kleines Geschäft in Konkurrenz mit den Konzernen halten kann. Nach der Roten Diktatur folgt – ganz demokratisch und hübsch hergemacht – die strukturelle Gewalt des Kapitals, die noch viel weniger Rücksicht nimmt auf die Menschen, als es sich die Kommunisten bei allem Totalitarismus hätten leisten können.

Daß es in der Konkurrenzgesellschaft nicht so schnell zum Protest kommt, wie ihn schon die geringste Preiserhöhung ehemals in Polen auslösen konnte, liegt wohl vor allem an den gezüchteten Illusionen, die mit der Individualisierung des Lebens verbunden sind, daß jeder einzelne seines eigenen Glückes Schmied sei und bei nötiger Anstrengung und etwas Geschick doch noch vom Tellerwäscher zum Millionär aufsteigen könne. Wenn im Sozialismus oft zu Unrecht persönliche Schwierigkeiten nur auf das repressive System projiziert wurden, so wird im Kapitalismus nur allzu leicht der Einzelne zu Unrecht belastet, was aber die unwürdigen Strukturen des Systems eigentlich treffen müßte. Damals und dort: statt dem Leiden an sich selbst, verhalten-heimliche Abreaktion am verhaßten System — hier und jetzt: statt dem Leiden an den menschenfeindlichen Verhältnissen wendet sich die Empörung leider zu oft gegen sich selbst.

Nein, die Demokratie, die wir bekamen, war kein gutes Geschenk. Wir müssen uns erst Demokratie erwerben. Und das ist gebunden an politische Reife, autonome Meinungsbildung, an das allmähliche Entstehen pluraler Ausgewogenheit und an das Heranwachsen integrer Persönlichkeiten — das alles ist ohne psychische Entwicklungsschritte in Schulderkenntnis, Schuldbekenntnis, Reue, Schmerz und Trauer über verfehltes Leben, Zorn über die Macht des Destruktiv-Bornierten nicht denkbar. Statt dessen werden wir im Moment mit Demokratie »erschlagen« und zu einer neuen Anpassung an ein Reglement genötigt, in das wir nicht hineingewachsen sind, das nicht in unseren Seelen wurzelt und längst noch nicht verinnerlichte Grundlage sozialen Zusammenlebens ist. So gesehen gibt es zwischen dem sozialistischen und dem marktwirtschaftlichen Mitläufer- und Karrieregeist nur den einen Unterschied, daß jetzt die »Demokratie« zu einem noch gefährlicheren System heranwuchert, weil unter den hehren Werten des »freiheitlichen« Lebens noch geschickter der aufgesetzt-verlogene Schein, die Lippenbekenntnisse und sozialen Masken gepflegt werden oder Angst, Schuld und Haß im Verborgenen fortschwelen und sich als unbewältigte destruktive Energie zu individueller und gesellschaftlicher Pathologie ausformen werden, sobald die kritische Schwelle wieder überschritten ist. Ich muß aus meiner Perspektive gar nicht das demokratische System Westdeutschlands kritisieren, das können die Westdeutschen aus der eigenen Erfahrung viel besser — es genügt, den Prozeß der Vereinigung aus östlicher Sicht zu analysieren, um festzustellen, daß diese geschichtliche Etappe dringend eine wesentliche Entwicklung des demokratischen Systems braucht. Ein Hut paßt eben nicht auf jeden Kopf! Den Westdeutschen ist die Demokratie auch nur geschenkt worden und fand mit dem »Wirtschaftswunder« eine hinreichende Legitimation. Wenn der Wohlstand aber nicht mehr wächst, möglicherweise sogar schrumpft, wie demokratisch wird diese Demokratie dann noch bleiben? Das wird erneut der Prüfstein der deutschen Geschichte! Trägt die Mehrzahl der Westdeutschen nur eine fein herausgeputzte Demokratie-Maske, so wie sie es uns jetzt im Osten anerziehen wollen? Es kann möglicherweise auch ein sehr probates Mittel der Schuldabwehr sein, den Holocaust durch Demokratie, durch eine zur Schau getragene geläuterte Gesinnung und vor allem materielle Wiedergutmachung bewältigen zu wollen, ohne den Nachweis zu führen, daß es auch innerseelisch zu einer »Entnazifizierung« gekommen ist. Und das würde nichts anderes heißen als persönliches Schuldbekenntnis, emotional-schmerzvolle Katharsis und das Auffinden des eigenen destruktiven und abgespaltenen Fremden, der eigenen Ohnmacht und Erniedrigung – nur dies könnte wirklich die Grundlagen einer Demokratie sichern und vor Rassismus und Radikalisierung schützen, wenn die sozialen Krisen wachsen.

So möchte ich den Westdeutschen zurufen: Kommt runter von Eurer Überheblichkeit, uns die Demokratie lehren und liefern zu wollen, und zu uns Ostdeutschen möchte ich sagen: Kommen wir hoch und verhalten wir uns nicht erneut wie die dämlichen und beflissenen Schüler, die glauben, durch gute Leistungen, das Glück beschert zu bekommen – und laßt uns um neue Wege und Möglichkeiten für unser Leben gemeinsam suchen und ringen. Ihr im Westen hattet vielleicht das bessere System, aber jetzt haben wir gemeinsam einen sehr problematischen Zustand, der uns auch das vierte Reich bescheren kann.

Faschismus ist nicht allein das Problem nur einer Nation, einer politischen Gruppe und ist nicht nur an bestimmte historische Epochen gebunden – Faschismus ist überall und immer wieder möglich, solange durch gesellschaftliche Verhältnisse seelische Einengung, Unterwerfung oder Anpassung, Entfremdung und Manipulation geschieht, die in der Mehrzahl der Menschen berechtigte Empörung erzeugt, die aber aus Angst vor Strafe so lange aufgestaut wird, bis soziale Spannungen eine kritische Schwelle überschritten haben und die Schuld der Anpassung an geeigneten Sündenböcken abreagiert wird. Der Fremdenhaß war nach dem deutschen Nationalsozialismus noch nie wieder so heftig wie heute. Die Asylbewerber könnten den Deutschen nur allzu bald die neuen Juden sein. Und ich möchte heute schon sagen und darüber diskutieren: Wir werden im Osten niemals das Wohlstandsniveau des Westens erreichen können (höchstens ein paar ganz wenige Personen) und die Westdeutschen werden mit immer weniger auskommen lernen müssen. Und bitte, wer soll daran Schuld sein? Die Menschen aus dem Osten, die Armen aus dem Süden? Oder geht nur die süchtige Orgie eines schuldigen Volkes zu Ende? Wir brauchen Hilfen für die Ernüchterung, für den Katzenjammer! Werden wir dazu Mut und Kraft finden?

Die neue Schuldverteilung

Wir haben unsere Schuld nicht angenommen. Wir – millionenfache Mitläufer und Mittäter – haben zu DDR-Zeiten unsere Schuld bezahlt mit vielfachen seelischen Einengungen und Verbiegungen, mit Verlust an Lebensmöglichkeiten und mit häufig nicht befriedigenden Beziehungen, aber der Schaden war halbwegs gleich verteilt. Es gab eben auch im Leid eine einigermaßen soziale Gerechtigkeit. Wenn ich das so sage, bin ich mir durchaus bewußt, daß es Opfer des Stalinismus gibt, die unvergleichlich mehr an Terror, Folter und Beschädigung auszuhalten hatten als die durchschnittliche Bevölkerung. Manche von ihnen mußten sogar mit ihrem Leben bezahlen. Und diese Verbrechen sind meist gerade dann und deshalb verübt worden, weil Menschen sich ihrer Schuld bewußt wurden und Verweigerung, Protest und Widerstand oder Flucht versuchten. Die Bewegungsfreiheit des Staatsbürgers zwischen Schuld und Strafe war wahrlich sehr eng bemessen – fast hieß die Alternative schuldig sein oder bestraft werden. Und doch blieb immer auch ein Feld der menschlichen Bewährung und Würde. Kein Mensch ist eben nur schuldig oder ausschließlich anständig, wir sind immer beides, allerdings in durchaus sehr unterschiedlicher Verteilung.

Ich will und kann keinen Maßstab dafür nennen, weil sich sowohl im heldenhaften Widerstand vor allem neurotischer Protest (dann müssen z.B. Staat oder Partei als Ersatzobjekte für die nicht ausgetragenen Konflikte mit Vater und Mutter herhalten) wie auch umgekehrt in der Anpassung und mitunter auch im Mittun sich das ganz redliche Bemühen um humane Werte manifestieren konnte, so daß sich der größere Teil unseres Handelns und Unterlassens der Fremdbewertung entziehen muß und nur einem inneren Klärungsprozeß in einem angstfreien und gefühlsoffenen Dialog oder Gruppengespräch sich eröffnen könnte. Die vertrauensvolle mitmenschliche Beziehung dabei ist allerdings unerläßlich, denn unsere Gefühle brauchen einen Adressaten, sonst können sie nicht befreiend abfließen. Hier endet in der Regel die Möglichkeit von Gerichten, Tribunalen und Kommissionen.

Dagegen mißraten die üblichen Abwicklungs- und Evaluierungskommissionen, die Pädagogen, Hochschullehrer, Richter, Staatsanwälte, die Angestellten im ehemaligen Partei- und Staatsapparat, Polizisten und Offiziere auf ihre reale Schuld zu überprüfen haben, häufig genug zu peinlichen und beschämenden Veranstaltungen, die aus den ehemaligen möglichen Tätern sofort neue Opfer der Kränkung, Demütigung und der neuen Gesinnungsschnüffelei machen. Schulderkenntnis und Schulderleben dürften dabei jedenfalls in der Regel ausgeschlossen bleiben, statt dessen werden die zu Überprüfenden nahezu zum Leugnen, Lügen, Vergessen, Beschönigen, Entschuldigen und Erklären verführt. Die Überprüfung öffnet jedenfalls die dunklen Räume der Seele nicht.

Nun ist es nur recht und billig, daß die alten Täter nicht in neuen einflußreichen Positionen verbleiben können, aber es findet bei solcher Praxis keine tiefere Erkenntnis, kein Wandel, keine Läuterung statt, sondern die neuen »Richter« rutschen unversehens in dieselben Strukturen, die sie eben noch verdammt und bekämpft hatten. So mag es den Antifaschisten und Sozialisten der ersten Stunde auch gegangen sein. Der bloße Machtwechsel führt eben noch längst nicht zu einer neuen Qualität, sondern die »schwarzen« Richter sind in Gefahr, jetzt spiegelbildlich das gleiche Unrecht zu beginnen, das ihnen früher von den »roten« Lumpen zugefügt worden war. Ich hätte jedenfalls zu einem reuigen Roten mehr Vertrauen als zu einem eifernden Schwarzen. Nur allzu leicht werden bei diesen Überprüfungen auch persönliche Süppchen mitgekocht, die noch aus ganz anderen Quellen gespeist werden – aus Rivalität, fachlicher Inkompetenz mit Geltungsneid, neuen westlichen Machtstrukturen und immer wieder auch unbewußten Kindheitskränkungen und Autoritätskonflikten. So wird allmählich die alte Schuld, die Schuld der feigen Anpassung und des karrieregeilen Opportunismus, umgewandelt in die Schuld der neuen Verfolgung.

Wie soll dabei Wahrheit entstehen, wenn die einen verdächtigen und überführen sollen und die anderen sich verteidigen müssen – da bleibt kein Raum für Erkenntnis, Schuld, Reue, Vergebung und Eröffnung neuer Lebenschancen. So werden nur andere Existenzen vernichtet – jetzt sind halt die anderen dran und hinter den Paragraphen und dem neuen Recht verbirgt sich, was in einer offenen und persönlichen Auseinandersetzung feige verweigert wurde. Was als revolutionäre Tat vermieden wurde, kann nicht in demokratisch-rechtsstaatlichem Gewande nachgeholt werden, das wird zur peinlichen Farce, zur bloßen Schuldumkehr, ohne Raum für wirkliche Klärung, Buße und Reifung. Dies wäre allerdings auch nicht im revolutionären Affekt möglich gewesen. Und dennoch muß verfolgt und verurteilt werden, was dem Leben Schaden zugefügt hat. Dabei ist mir durchaus klar, daß die Justiz mit den verteilten Rollen von Anklage, Beweisführung und Verteidigung eine geeignete Form der Rechtsprechung entwickelt hat, die zwar weder fehlerfrei funktioniert noch schweres Unrecht ausschließt, aber dennoch die meisten Ansprüche von ausgleichender Gerechtigkeit erfüllen kann, soweit dies Menschen überhaupt möglich ist.

Dies funktioniert freilich nicht mehr bei politischen Untaten und schwerem moralischem Versagen, das Menschen auch seelisch tief verletzen, ihre Ehre und Würde beschädigen und verhängnisvolle soziale Folgen haben kann. Wie können menschliche Fehlhaltungen geahndet werden, zum Beispiel eine politische Überzeugung oder ein ökonomisches Interesse, die oder das zu einem bestimmten Zeitpunkt allgemein gültigem Verständnis entspricht, sich später aber nicht nur als falsch, sondern auch als ausgesprochen schädigend für Menschen, die Natur und den sozialen Frieden herausstellt? Hier versagen juristische Kategorien und das bewährte Rollenspiel von Rechtsverfahren.

Ich kann mir an dieser Stelle nur beziehungsdynamische Prozesse in einer Diade oder Gruppe als hilfreiche Möglichkeit vorstellen. Wenn wir also zusammensäßen, unsere Lebensgeschichten zu erzählen bereit wären, die Motive unseres Handelns daraus verstünden und unsere Entfremdung und das eigene Versagen fühlen könnten und nicht mehr erklären und verteidigen müßten, könnte eine wirklich neue Qualität der Bewältigung entstehen. Wie soll denn ein Lehrer, der früher seine sozialistischen Phrasen abließ und heute sich »demokratisch« gebärdet, als Mensch glaubhaft werden? Er kann reden was er will, er wird nicht überzeugen, er wird keine Autorität genießen, aber er wird entscheidend dazu beitragen, daß Mißtrauen und Zweifel, Orientierungslosigkeit und Identifikationsschwäche, Sinnentleerung und Moralverfall sich verstärken. Säßen aber Lehrer und Schüler und Eltern zusammen, viele Stunden über Wochen und Monate, so daß allmählich ein Klärungsprozeß möglich würde, der Vorbehalte, Verdächtigungen, Meinungsverschiedenheiten, Fehler, Irrtümer und Schuld auf allen Seiten zur Sprache bringen könnte und sogar verständlich werden ließe, weshalb dieses oder jenes Versagen zustande kam, dann würde Vertrauen wachsen und Beziehungen entstehen, die nicht mehr vom Parteibuch, der politischen und religiösen Gesinnung und einem Amt, also von geborgter und falscher Autorität behindert oder verfälscht würden. Dies wäre natürlich das Ende autoritärer Verhältnisse und Erziehung. Wir müssen schon entscheiden, ob wir statt der roten jetzt die schwarze Indoktrinierung zulassen, ob wir als Eltern menschliche Partner für die Lebensschule unserer Kinder haben wollen oder Lehrer, die die Kinder jetzt nur schnell und zielgerichtet für die Marktwirtschaft zurichten sollen.

Autoritäre Lehre mit zensierter Leistung von angelerntem Wissen erzeugt Anpassung oder Verweigerung und Protest, ebenso wie zugesprochene und von außen benannte Schuld zur Verteidigung und bloße Strafe nur zur Verhärtung führen. Aber gefördertes Interesse, ermöglichte Erfahrungen, erlaubte Irrtümer und erlebte Schuld und Reue schaffen die Voraussetzung für eine Befreiung von angstvoller Verbohrtheit, gefährlicher Einengung und widerwärtiger Unterwerfung und Anpassung.

Wenn ich es mir hier aber erlaube, die relativ kleine Zahl der kriminell (rechtsstaatlich verfolgbaren) Schuldigen für die allgemeineren Überlegungen zu vernachlässigen, soll diese herausragende Schuld damit nicht vernachlässigt werden. Aber diese Schuld hat noch am ehesten eine Chance zur Strafe und Sühne. Worauf ich aber hinaus will, ist die millionenfache durchschnittliche, eher unscheinbare, aber deshalb keineswegs unbedenkliche Schuld, die sich nur allzu leicht hinter den Taten der hervorgehobenen Bösewichter verbergen kann.

Ich sprach auch von einer Solidargemeinschaft der Schuldigen – wofür gern der Begriff »Kollektivschuld« verwendet wird, um einerseits das Massenphänomen zu beschreiben, aber andererseits auch bereits sprachlich die immer nur individuell mögliche Schuld zu verschleiern. Eine Kollektivschuld kann es in Wirklichkeit nicht geben. Es ist dann die Schuld des Einzelnen, die im Heer der Schuldigen scheinbar zur Normalität geworden ist. Das sind immer sehr gefährliche Verhältnisse, weil der moralische Maßstab verlorengeht und die Verblendung zu nationalen Exzessen auswuchern kann. Die Begeisterung für einen Krieg, die fanatische Verfolgung von Andersdenkenden, die »Erbfeindschaft« von nationalen Nachbarn ist anders nicht zu verstehen. Die Individualisierung der Schuld ist deshalb immer wieder einzuklagen! Menschliches Leben hat immer eine moralische Dimension, die personal bleibt, unabhängig davon, was alle tun oder was befohlen ist.

Die neue Gesellschaft, die Konkurrenzgesellschaft, die Macht durch Leistung und Geld, verteilt auch Schuld und Leiden nach den Werten des Kapitals — wer es nicht mehr wahrhaben will, kann es im Osten Deutschlands gut studieren: Ältere Menschen (wobei Alter schon bei Mitte 40 beginnt!), Frauen, Jugendliche, Behinderte und sozial Schwache sind die besonderen Opfer der neuen Verhältnisse. Und die neue Schuld verbirgt sich in den Regeln des »freien Wettbewerbs«, des Marktes, der Demokratie (Herrschaft über Minderheiten!) und in den Begriffen von Wachstum, Fortschritt, Konjunktur, Leistung und Effizienz — das Leben wird halt bemessen danach, was sich wie rechnet. Dies hat natürlich seine Logik, wenn man das Leistungsprinzip und Wirtschaftswachstum als höchste Werte einer Gesellschaft akzeptiert und — was dabei noch verhängnisvoller ist — jeder Einzelne sich immer wieder damit auseinandersetzen muß, daß nur er oder sie vielleicht nicht tüchtig genug sei, weil es dem Nachbarn ja doch zu gelingen scheint.

Das innerste Wirkprinzip dieser Gesellschaft lebt von der Fortführung der frühen Neurotisierung: Den Menschen wird glauben gemacht, sie könnten die verweigerte Liebe durch Anstrengung und Tüchtigkeit, durch äußeren Erfolg doch noch erringen. Ohne diese umfassende, von allen wesentlichen Institutionen der Gesellschaft, von den Parteien, den Kirchen und den Lehrstätten sorgsam gepflegten Täuschung, könnte keine Leistungsgesellschaft existieren. Unsere Kultur bleibt an einen grundlegenden Irrtum gebunden, kein Wunder also, daß das natürliche Leben immer mehr einem künstlichen und simulierten weichen muß.

Die abnorme Lebensart des Westens ist in ihrer Expansion dabei, vor allem im Osten schuldig neue Opfer zu erzeugen, das Leiden ungleichmäßig und ungerecht zu verteilen und diesen Verteilungsprozeß zu benutzen, um die berechtigte Entrüstung zu verhindern. Divide et impera! Und die Gewerkschaften assistieren kräftig bei diesem Prozeß, wenn sie den Lohnkampf zum Inhalt ihrer Tätigkeit machen. Es ist einfach absurd, für den Osten immer mehr Lohn zu fordern, den Angleich der Löhne zum politischen Ziel zu machen, genau dadurch ist die Vernichtung vieler Arbeitsplätze und der

Bankrott östlicher Firmen, die die Löhne einfach nicht mehr bezahlen können, befördert worden. Und den Menschen wird damit eine neue Illusion vorgegaukelt, die nicht mehr einzulösen ist. Das westliche Wohlstandsniveau ist nicht mehr zu erreichen, es ist auch nicht mehr zu überleben, deshalb wäre es auch für die Gewerkschaften eine große Aufgabe, die Menschen auf neue Arbeits- und Lebensbedingungen vorzubereiten. Was machen die Menschen, wenn sie weniger produzieren und konsumieren, wenn sie weniger spezialisiert, aber vielseitiger, weniger technologisiert, aber mehr beziehungsorientiert arbeiten? Statt um Arbeitsplätze im herkömmlichen Sinne geht es um neue Lebensräume, da wachsen riesige Probleme und Aufgaben heran, an denen auch die Gewerkschaften nicht vorbeikönnen.

Der »Freie Deutsche Gewerkschaftsbund« der DDR war unverhüllt Machtinstrument für die SED. Daß die westlichen Gewerkschaften im vermeintlichen Kampf für die Interessen der Arbeitnehmer längst instrumentalisiert im Demokratiespiel die Sackgasse der Entwicklung nur verschleiern, gehört für mich zu den neuen bitteren Enttäuschungen. Wenn sie schon für die Angleichung der Löhne und Gehälter einstehen, dann wäre ein Stop des Lohnanstieges im Westen vernünftiger als die Spirale weiterzutreiben und die Folgen vor allem schuldig nach dem Osten zu verlagern.

Was aber an den Pranger gehört und zuallererst Inhalt unserer Entrüstung sein muß, sind die Strukturen der Macht, die über unser Leben bestimmen und unsere Entfremdung erzwingen. Ich habe diese Entfremdung für den Osten vor allem als die Folge der Unterdrückung und für den Westen als Anpassung an ein zerstörerisches Wirtschaftssystem beschrieben. Die Charaktereigenschaften, die bei Unterwerfung und Anpassung entwickelt und gefördert werden, sind dann die psychologischen Zwänge schuldigen Verhaltens. Ich habe immer wieder deutlich gemacht, daß mit solchen Erklärungsbemühungen keine Entschuldigung individueller Schuld geschehen soll, ein Entscheidungs- und Handlungsfreiraum bleibt noch unter der schlimmsten Bedrohung oder Verführung, doch bevor alle Energie der Entrüstung, Verfolgung und Bestrafung auf geeignete oder ungeeignete Sündenböcke kanalisiert wird, gilt es, die ursächlichen Strukturen zu denunzieren und zu bekämpfen.

Natürlich sind es auch nicht nur anonyme Strukturen, die Schuld erzeugen, sondern von Menschen gemachte, verwaltete und zu verantwortende Verhältnisse. Gerade das verhängnisvolle Zusammenspiel von innerseelischen und zwischenmenschlichen Bedingungen und gesellschaftlichen Verhältnissen verdient unsere besondere kritische Aufmerksamkeit. Das Recht, die sozialen Bedingungen und das Wirtschaftssystem sind der entscheidende Hintergrund für die psychosoziale Entwicklung des Individuums. Und – wie wir wissen, was aber in seiner umfassenden Bedeutung nicht wirklich zur Kenntnis oder ernstgenommen werden will – die grundlegenden Erfahrungen der frühen Eltern-Kind-Beziehung sind für das ganze Leben wichtig. Die Erfahrungen aus dieser Zeit prägen den Menschen so nachhaltig, daß später wesentliche Veränderungen nur noch bedingt und unter größter Anstrengung möglich sind. Aus diesem Grund sind Einsicht und Vernunft allein nie ausreichend, um erkannte Fehlentwicklungen zu stoppen, Konflikte wirklich zu lösen (nicht nur zu verschieben) und ernste Gefahren abzuwenden. Dazu gehört immer auch ein Gefühlsprozeß, der stets zunächst ängstigend und sehr bedrohlich empfunden wird, bis er dann endlich seine befreiende und heilsame Wirkung erzielen kann.

Wenn ich von ursächlichen Strukturen der Macht spreche, weiß ich natürlich, daß ich »Strukturen« keine Schuld im moralischen Sinne zusprechen kann. Es geht aber um den Punkt des Mitmachens, des Auf- und Ausbauens dieser Struktur. Wenn das oberste Prinzip unseres Moral- und Rechtssystems, unserer Gesellschaft, unseres staatlichen Zusammenlebens und auch unserer Religion das Prinzip der Freiheit ist, dann ist der Mensch schuldfähig, und er ist zur Durchsetzung dieses Prinzips verpflichtet. Das betrifft jeden einzelnen. Macht kann nur ausgeübt werden, wenn sie diesem Prinzip nicht widerspricht. Es gibt moralische Imperative für die Politiker, und es gibt moralische Grenzen eines Wirtschaftssystems. Wer z. B. sehenden Auges die ökologische Katastrophe in Kauf nimmt und von Sachzwängen redet, wo es nur um die nächste Wahl oder die kurzfristige Erfolgsbilanz geht, beteiligt sich an einem Verbrechen. Macht als Selbstzweck auszuüben ist der Freiheit direkt entgegengesetzt und tiefste Unmoral.

Insofern behaupte ich auch, daß die Vertreter der Macht die Hauptschuldigen sind. Das meine ich natürlich für die ehemalige DDR – aber auch für das gegenwärtige Deutschland. Ich mag mich mit dem Aufschrei, den eine solche Gleichsetzung bei einigen Selbstgerechten noch auslösen mag, nicht mehr lange aufhalten, auf der Ebene der psychologischen Bedingungen – Unterwerfung oder Anpassung – sind die destruktiven Fehlentwicklungen durchaus vergleichbar. Was mir aber darüber hinaus im Moment besonders wichtig ist: den Prozeß des Schuldig-Werdens differenzierter zu würdigen. So mag man für das Handeln und die Motive der antifaschistischen Kommunisten wie für die Demokraten der ersten Stunde des Nachkriegs-Deutschland das beste und redlichste Bemühen unterstellen. Eine belastende Schulderkenntnis war in dieser Pionierzeit viel weniger zu erwarten als heute, wo das Handeln an den Wirkungen gemessen werden kann. Aus der uns jetzt also zugänglichen Einsicht sind deshalb heute verweigerte Entscheidungen und verhinderte, aber notwendige Veränderungen durchaus als schwer schuldhaftes Verhalten zu qualifizieren. Aber nicht einmal im Osten Deutschlands, wo es überhaupt keine Hinderungsgründe mehr gibt, wirkliche Schuld zu erkennen und zu benennen, geschieht dies, statt dessen aber massive Schuldabwehr und -verschiebung. Wie erst kann im »siegreichen« Westen Deutschlands Schuld erfahren bzw. bewußt gemacht werden, was aber für die anstehenden Entwicklungen des Gesellschaftssystemes dringend geboten wäre? Da wir im Moment im Osten diejenigen sind, die die brutalen und sozial zerstörerischen Folgen westlicher Macht- und Wirtschaftspolitik im besonderen und umfassend zu spüren bekommen, haben wir auch eine besondere Verantwortung, auf das schuldige Verhalten mit Entrüstung aufmerksam zu machen und uns für bessere Verhältnisse zu engagieren.

Angesichts der umfassenden Schuld der Mächtigen ist die Schuld der kleinen Leute eher harmlos, wenn auch für das persönliche Leben des Einzelnen tragisch genug. Die individuelle Schuld des Anpassens, Mitlaufens, Stillehaltens, Erduldens und Nachahmens, des Wegschauens und Schweigens, des Nicht-Nachdenkens und Nicht-Wahrnehmenwollens und die Tatsache, daß häufig egoistische Bedürfnisse des täglichen Lebens höher bewertet werden als die Sorge um die Zukunft und die wachsende soziale Ungerechtigkeit auf dieser Welt, sind das Erziehungsergebnis autoritärer Macht. Schuld wird also vor allem produziert. Als abhängiges Kind hat man kaum eine Wahl. Die Wahl- und Entscheidungsfreiheit wächst einem erst allmählich mit der psychosozialen Reife zu und ist schwer genug zu tragen, aber eben auch nicht abzulegen. Auch wenn die Eltern schuldig sind – jeder Erwachsene trägt Verantwortung dafür, diese Schuld fortzuführen oder abzustreifen. Trotz eigener Schuld sind wir zur notwendigen Entrüstung über die ursächliche Schuld der Mächtigen berechtigt. Diese Entrüstung ist notwendig, um überlieferte und eingefahrene Verhaltensweisen nicht einfach zu übernehmen. Aber die Entrüstung verpflichtet uns auch, um bessere Verhältnisse zu ringen. Die beste Voraussetzung dafür ist, bei sich selbst zu beginnen. Auch dies ist in Deutschland nicht gerade häufig, statt dessen aber ist die beschuldigende Entrüstung in typisch deutscher Form obrigkeitsschonend und auf Schwächere zielend. Und die eigene Schuld kommt so gut wie gar nicht vor.

6. Die schwarzen Schafe der Nation

Daß der wesentliche Teil der Stasi-Akten vor der Vernichtung gerettet und einer vormundschaftlichen Verwendung durch westdeutsche Behörden und Archive entzogen wurde, verdanken wir dem engagierten Einsatz mutiger Menschen der Bürgerbewegung, einer der wenigen Siege, die von der »Revolution« — die keine wurde — übriggeblieben sind. Auch das Stasi-Akten-Einsichtsrecht, mühsam gegen die empfohlene Absicht zur Generalamnestie und zum vorschnellen Vergessen, die vor allem immer wieder im Westen hörbar wurde, durchgesetzt, erschien bislang wie ein Rest-Triumph, doch noch in Würde unsere eigenen Angelegenheiten klären und regeln zu können. Doch auch diese Hoffnung zerrinnt immer mehr. Diese Akten dienen mehr der Jagd auf Sündenböcke als der Aufklärung von Schuld und der Verstrickung in abnorme gesellschaftliche Verhältnisse.

Ich will nun zu erklären versuchen, weshalb gerade die inoffiziellen Mitarbeiter der Stasi zu den schwarzen Schafen der Nation avancieren. Diese Rolle wächst ihnen aus mehreren Wurzeln zu: aus der persönlichen Psychologie, aus dem Charakter der besonders anrüchigen Drecksarbeit, dem Verrat, und aus den sensiblen Bereichen der Gesellschaft, in die bevorzugt ihre Spitzeldienste eingebunden waren. Das spezifische Zusammenspiel von Persönlichkeitsstruktur, Verrat und Strukturen der Gesellschaft ist für die meisten Menschen unseres Landes von Bedeutung. Fast alle sind davon Betroffene, nicht nur als Opfer, vielmehr noch als potentielle und reale Täter, eben nur nicht unbedingt im Gewand eines verpflichteten Spitzels. Aber die Verhältnisse in den Seelen der meisten Menschen lassen die Grenzen der Schuld fließend werden, manch einer dürfte nur deshalb nicht Spitzel der Stasi geworden sein, weil er von der »Firma« gar nicht gebraucht wurde, und noch viele mehr dürften Spitzel und Denunzianten gewesen sein, ohne jemals der Stasi gedient zu haben. Weil die psychologischen Vorbedingungen für verwerfliches Handeln so ubiquitär sind und ich lediglich — bis auf wenige Ausnahmen — nur graduelle Unterschiede zwischen einem Spitzel und einem Noch-Nicht-Spitzel erkennen kann, eignet sich der IM auch so hervorragend als Projektionsschüssel. Sie ziehen praktisch alle unangenehmen Erregungen auf sich und saugen wie ein Tampon den unreinen Ausfluß auf, der möglichst hygienisch sauber und diskret dann durch sie beseitigt werden soll. So war bereits die Auseinandersetzung mit den Folgen autoritär-repressiver Gewalt nach der Wende an der Stasi hängengeblieben. Sie war praktisch zum »Ausbund des Bösen« erklärt worden — wozu sie allerdings auch hinreichend Anlaß bot: Hier soll also keine Schuld bagatellisiert werden —, doch ermöglichte die Stasi es den meisten, ihr ganz persönliches Schicksal von Unterwerfung und Anpassung, von Entfremdung, von Demütigung und Kränkung nicht an den konkreten Personen und Verhältnissen des eigenen Lebens festmachen zu müssen. Und vor allem konnte die Betroffenheit über das eigene aktive und passive Mitläufertum an der unleugbaren Schuld des Staatssicherheitsdienstes verblassen. Der Sündenbock war also benannt, und so konnte der schnelle Umstieg auf die neue Verheißung — äußere Freiheit und Wohlstand — als Erlösung von der Schmach versucht werden. Die Ernüchterung ist nun bei vielen längst eingetreten, aber was nun anfangen damit? Gott sei Dank haben wir ja noch unsere Stasi-Akten! Und damit können wir ja vielleicht die Sündenbock-Jagd wieder aufnehmen, aber natürlich nur gegen den geringsten und kleinsten aller Täter, wir wollen doch unsere Obrigkeitsehrfurcht nicht aufgeben.

Die Verwunderung darüber, wie groß und heftig doch das Interesse an der Einsicht in die Akten ist, findet in diesem Zusammenhang eine sinnvolle Erklärung: Wer in seiner Akte Stasi-Spitzel findet, der hat wieder konkrete Gegner und Täter, denen er seinen Zorn und seine Enttäuschung entgegenschleudern kann. Das, was als notwendige und bittere Einsicht und Erklärung finsterer Machtstrukturen und des eigenen Lebens gedacht war, droht in eine neue Sündenbock-Jagd zu entarten. Und die allgemeine Erregung und das sensationslüsterne Interesse der Medien sind dabei besonders auffällig. Gibt es denn wirklich Neuigkeiten in den Akten? Wußten wir denn nicht, daß wir überwacht und kontrolliert wurden? Damit und davon lebten wir doch! Saßen wir in kleinen Gruppen zusammen, hatten wir unsere bitteren Späße doch auch darin, daß wir wie bei Kinder-Abzähl-Reimen: Eins, zwei drei, und du bist von der »Polizei« — unsere gemeinsame Angst zu bannen versuchten, ihr einen Grund geben und auch durch Galgenhumor etwas Distanz zur unerträglichen Wahrheit gewinnen wollten. Alle Enthüllungen über kleinliche Observation und banalste Informationssammlungen, über Post- und Telefonüberwachung, über Wohnungseinbrüche, Intrigen und Zersetzungskampagnen, über psychischen Terror und körperliche Gewalt und schließlich auch über Verrat können doch keine Überraschungen mehr für uns sein – hätten wir davon nichts gewußt, wie hätten wir sonst unser Verhalten in der DDR erklären und entschuldigen können? Weshalb also jetzt diese Entrüstung?

Unsere latente Angst war an die Stasi gebunden! Mit »latenter Angst« meine ich einen seelischen Zustand, der aus dem »Mangelsyndrom« und »Gefühlsstau« resultiert. Natürlich löst ein solcher Zustand auch Empörung und Protest aus, doch das vorhandene Gefühlsverbot macht daraus nur Schuldgefühle, weil der Mensch doch nicht so ist, wie von ihm erwartet wird, und weil er nur so tun kann, wie die Mächtigen es wollen und dabei immer Angst hegen muß, noch den letzten Rest an Bestätigung zu verlieren, wenn er durchschaut würde. Diese Angst muß gebunden werden, damit wir Menschen überhaupt überleben können, also müssen Gründe, Anlässe und Verursacher her, sie müssen phantasiert, erfunden, behauptet, aufgebauscht oder provoziert werden, und vor allem sind Schuldige nützlich, die eh schon beschmutzt sind, und so mag es wohl nicht auffallen, wenn wir ihnen unseren Dreck auch noch aufladen.

Das war die große Chance für die Stasi. Vor unserer Angst konnte sie sich aufblähen, wir ließen sie wuchern, wir verliehen ihr Kraft und Macht – sie war der Packesel unserer Angst. Habt Dank ihr Tschekisten! An unserer Last seid ihr zerbrochen, wir gaben euch zu viel zu schleppen. Ihr habt über uns gewacht, uns beschützt und gesichert – ihr brauchtet einen immer größeren Apparat, einen Moloch an Verwaltung, Millionen Akten, Hunderttausende offizielle und inoffizielle Mitarbeiter – die einzige »Firma« in der DDR, die nie Personalmangel hatte, keine Nachwuchssorgen. Es gab offenbar keinen wirklichen Bruch zwischen dem Volk und seinem Sicherungs-Organ. Und nebenbei gesagt: Die westlichen Versicherungen sind jetzt nicht viel schlechter dran – Hochkonjunktur, riesiges Geschäft, willige Klienten, rundherum alles sicher, alles versichert! Wieviel Sicherheit braucht der Mensch? Soviel, wie er latente Angst in sich trägt! Jedenfalls haben die »Tapfersten und Edelsten« des »real existierenden Sozialismus« ihre letzte große Aufgabe noch hervorragend erfüllt. Als sie ausspioniert hatten, daß der Kampf verloren ist, haben sie die Massenflucht in den Westen, sicher und ordentlich, wie es ihre Art ist, organisiert und geführt. Sie gaben dem Volk einen treuen Diener zum Ministerpräsidenten, der die DDR an die Bundesrepublik zu übergeben hatte, wofür Millionen Wähler ihn auch nominiert hatten. Das große Verdienst de Maizières liegt also darin, keine latente Angst aufkommen zu lassen — nur die Kontrollorgane und -strukturen mußten gewechselt werden. Und nicht zu vergessen, daß unser erster frei gewählter Ministerpräsident »Czerny« war, wußte die Bundesregierung lange bevor es die Presse enthüllte. Ein Narr, der nichts Schlechtes dabei denkt.

Wie zuverlässig letztlich die Stasi ihre Arbeit noch erledigte, kann man vor allem an der Tatsache des friedlichen Ablaufs der Wende erkennen. Nur die Staatssicherheit besaß letztlich die Verfügungs- und Befehlsgewalt über einen Waffeneinsatz. Polizei und Armee waren ja ebenso unter ihrer Kontrolle wie alle anderen Organisationen und Institutionen der Gesellschaft. Wieso ist denn keinem der bis an die Zähne bewaffneten Tschekisten auch nur ein Schuß losgegangen? War es doch nicht die äußerste Bedrängnis für sie? Wir können uns entscheiden zwischen gut organisierter Besonnenheit — wie es Stasi-Art war — oder einer lähmenden Kollektivhypnose, was dann aber auch als Beweis für ungewöhnlich wirksame unbewußte Kräfte angesehen werden muß. Ich will meinen bitteren Sarkasmus etwas dämpfen und einräumen, daß es weiterer historischer Forschung obliegen wird zu klären, ob die Stasi aus bloßer Schwäche oder eben gezielter Absicht ein Blutbad verhinderte. Aber den friedlichen Verlauf der »Revolution« der Besonnenheit der »Revolutionäre« zuschreiben und mit ihrer besonders ausgeprägten menschlichen Reife erklären zu wollen und zu glauben, daß mögliche Gewalt sich allein durch Schärpen über der Brust bannen ließe, wer solches heute immer noch ernsthaft behauptet, dessen Naivität ist bereits wieder gefährlich. Man müßte dann nämlich auch einräumen, daß die demonstrierenden Studenten auf dem Platz des Himmlischen Friedens in Peking weniger edel und besonnen als wir Ostdeutschen gewesen sind, denn dort war der Ausgang ja nun bekanntermaßen ein anderer.

Nein, wir haben uns wirklich um unsere Revolution gebracht, und die Stasi hat dabei noch mächtig mitgemischt. Doch deshalb erregen wir uns nicht, wir schämen uns nicht einmal eines de Maizière — nein, wir verfolgen die inoffiziellen Mitarbeiter. Sie stehen am Pranger, nicht etwa die Führungsoffiziere, die aus Menschen Spitzel machten. Wären die etwa schon unseren Eltern zu ähnlich, zu nahe? Also: Führungsoffiziere sind gefährlicher als Spitzel, aber auch sie sind nicht die eigentliche Gefahr. Wir erst sind es, die sie wirklich gefährlich machen: Unsere Angst, unsere Bedürftigkeit, unsere Abhängigkeit und Autoritätshörigkeit, unser Obrigkeitsdenken und die mangelnde Zivilcourage sind die wirkliche Gefahr. Dies ist der belastete Boden, auf dem jede Menge Unkraut wuchern kann.

Es geht nicht so sehr darum, sich über die IMs zu entrüsten, als um das, was man über uns erkennen kann, wenn wir uns die inoffiziellen Mitarbeiter der Staatssicherheit etwas näher anschauen. Ihre Persönlichkeiten werden offensichtlich durch Eigenschaften charakterisiert, die sie für die speziellen Aufgaben ihrer Tätigkeit brauchen: Sie müssen wegen der auferlegten Verschwiegenheit eher gehemmt und zurückhaltend sein, die Verpflichtung zur Konspiration verlangt Zuverlässigkeit, Disziplin, einen Schuß Abenteuerlust und ein deutliches Bedürfnis nach Geltung, Bedeutung und Wichtigkeit, die aber nicht autonom-kreativ genutzt werden, sondern nur in Abhängigkeit gelebt werden darf. Bedeutung muß sozusagen verliehen werden, sie wird nicht aus innerer Sicherheit und Selbstwert geschöpft. Dies würde ich auch für so bedeutende IMs wie »Sekretär« oder »Czerny« annehmen, da die Cleverness und Souveränität von relativem Wert sein dürften, also mehr die ausgestaltete Oberfläche der Persönlichkeit ausmachen, die gerade deshalb so tüchtig erscheint, weil damit eine tiefe innere Not abgewehrt werden soll. Eine Tatsache, die bei vielen großen Persönlichkeiten der Geschichte festgestellt werden muß; ja, die innerseelische Problematik stellt nahezu die Energie zur Verfügung, um besondere Leistungen vollbringen zu können. Für bedenklich halte ich besonders die meist völlig falsche Bewertung solcher Leistungen, die gewürdigt und honoriert werden, ohne die innere Problematik zu erkennen. Auf diese Weise vollzieht sich oft unter dem Deckmantel des Erfolges eine tiefe Zerstörung der Seele, die sich letztlich als schwere psychosomatische Erkrankung, als tragischer Beziehungskonflikt oder im destruktiven sozialen Ausagieren manifestieren wird.

Das konspirative Leben erfordert eine besondere psychische Konstellation. Man darf dabei überhaupt nicht an Spione aus einschlägigen Filmen denken, die als Meister der ganz bewußten, eingeübten und hart antrainierten Verstellung dargestellt werden – die IMs müssen eher als das genaue Gegenteil angesehen werden. Sie sind nicht »gespalten« in eine Persönlichkeit, die hier lebt und arbeitet und dort denunziert und verrät. Sie gehen in der Regel nicht hin, um auszuspionieren, sie schleichen sich nicht in das Vertrauen anderer, sie spielen nicht eine Freundschaft, Partnerschaft und kollegiale Beziehung mit der Absicht, dadurch verwertbares Material zu bekommen — nein, vielmehr sind die sogenannten Informationsdienste und das normale Leben eins. Ein Doppelleben ist gar nicht nötig und eine besondere Verstellung auch gar nicht mehr möglich, weil diese schon längst vollzogen ist, und zwar aus ganz anderen, von der Stasi völlig unabhängigen Gründen. Das Sicherheitsorgan ist nur der Nutznießer davon.

Die entsprechende Vorbereitung dazu ist die Einengung der Seele, die der Mensch sich zwangsläufig erwirbt als Folge der bitteren Enttäuschungen und Entbehrungen in Zuwendung und Bestätigung in den frühen Jahren seiner Lebensgeschichte. Die gelernte und ehemals hilfreiche »Abpanzerung« von den Verletzungen der Seele ist die beste Voraussetzung für ein konspiratives Leben — besser läßt sich diese innere Konstellation äußerlich nicht leben. Die verlangte Geheimniskrämerei, die selbst Ehepartner mit einschließt, ist nahezu das perfekte Abbild des Schutzbedürfnisses der kranken Seele. In der auferlegten Verschwiegenheit und Vertraulichkeit findet das schmerzende und belastete Innenleben, das sich ständig gegen unkontrollierte Erregungen und Gefühlsausbrüche schützen muß, die optimale äußere Ergänzung, das passende Korsett also für das schon längst gebrochene »Rückgrat«. Die Stasi nimmt die innerlich gebrochenen Menschen an die Brust und gibt ihnen ein hilfreiches, wenn auch makabres Gerüst.

Dies würde ich auch für die erpreßten und genötigten sogenannten Opfertäter sagen, denn das Delikt oder die Schwäche, die denjenigen verwundbar machen, sind in den meisten Fällen auch schon Ausdruck einer inneren unbewältigten Problematik, und wenn man dafür zu Spitzeldiensten angeheuert wird, wird auch eine notwendige klärende Erkennntis und Schulderfahrung mit entsprechender Lebensveränderung verhindert. Subjektiv gesehen ist dann die Erpressung immer noch das kleinere Übel, sonst wären so viele ja auch nicht darauf eingegangen. Immerhin wäre es ja auch möglich gewesen, die Strafe anzunehmen, das strafbare Verhalten mit Reue und Buße als eine Chance zur sinnvollen Lebensveränderung zu nutzen, anstatt sich noch ein zusätzliches moralisches Versagen mit weiterer Schuld aufladen zu lassen. Auch dabei sind die Delinquenten nicht allein, das gleiche Prinzip herrscht im Grunde genommen bei allen neurotischen Störungen: Die Krankheit mit allen auch gravierenden Beschwerden, Konflikten und belastenden Lebenseinengungen ist für den betroffenen Patienten immer das kleinere Übel als die Erkenntnis der ursächlichen Zusammenhänge und die Notwendigkeit zur Lebensveränderung. Wenn dies nicht so wäre, gäbe es keine Neurosen mehr, würden die Menschen nicht eine Erkrankung bitterer Erkenntnis und anstrengender Veränderung vorziehen.

Der Kontakt der IMs zu ihren Führungsoffizieren entspricht häufiger einer eher selbstverständlichen, durchschnittlichen und normalen Beziehung, wobei eigene Interessen und Bedürfnisse befriedigt wurden. Daß ein IM dabei sich abgequält hätte und mit schweren Gewissensbissen beladen gewesen wäre, dürfte mehr einer Legende oder späteren Schutzbehauptung entsprechen, an solchen unsicheren Mitarbeitern hatte die Stasi kein sonderliches Interesse. Aber natürlich hat es auch Entwicklungen und neue Einsichten bei IMs gegeben und welche, die ausgestiegen sind, was zuvor natürlich auch ihre Einstellung zu ihrer Tätigkeit verändert hat, nur ist eben dies nicht die Regel gewesen.

In diesem Zusammenhang muß leider auch festgestellt werden, daß nur ganz wenige IMs sich nach der Wende selbst offenbart haben. Wenn also sehr viele von den IMs sich widerwillig zu diesen Diensten erpreßt gefühlt hätten, so ist nicht einzusehen, weshalb sie nach der Wende nicht sofort die Gelegenheit ergriffen haben, ihre Führungsoffiziere zu denunzieren und vor allem Strafanzeige gegen sie zu stellen. Daß dies nicht oder nur höchst selten vorgekommen ist, macht eben auch deutlich, daß zur Erpressung immer auch eine innere Bereitschaft oder eine bestimmte seelische Konstellation des Erpreßten hinzugerechnet werden muß.

Ich fürchte schon wieder Mißverständnisse, daß ein Kritiker sagen wird: Also sind die Opfer schuld! Nein, wer Mittel der Erpressung anwendet, ist ein Schweinehund und muß dafür entsprechend bestraft werden! Nur löst dies noch nicht das Problem, von dem ich rede, gemeint sind die gesellschaftlichen Strukturen, die Menschen im allgemeinen so seelisch einschüchtern, daß sie relativ leicht erpreßbar werden. Darauf will ich vor allem aufmerksam machen, um die Prozesse der Schuldverschiebung zu erschweren, denn damit lösen wir unsere Lebensprobleme überhaupt noch nicht.

Motive, Interessenlage und die Art und Weise, wie jemand zum IM wurde, sind sehr verschieden und doch lassen sich Tendenzen für »Kategorien« erkennen.

1. Die Karrieretäter: Sie sind die geltungsstrebigen, die machtbesessenen, die aktiven Macher und Aufstreber, die immer bei den Stärkeren sein wollen, um innere Schwäche und Angst, um Ohnmacht und Ratlosigkeit auszugleichen. Sie wollen im Beruf an die Spitze, das ist ihre Schwachstelle, an der sie gepackt werden können und korrumpierbar sind. Aber sie erleben das nicht als sonderlich problematisch, sie haben gute Rationalisierungen: Nur oben könne man wirklich etwas bewirken und Einfluß nehmen, dafür müsse man halt auch einiges in Kauf nehmen. Sie fühlen also Verantwortung, erleben sich in die Pflicht genommen, wollen etwas bewirken und Positionen besetzen, damit es nicht noch schlimmer oder manches besser gemacht wird. Sie handeln aus Ehrgeiz, aus Berechnung, mit der vollen Absicht, aufzusteigen. Sie haben nichts anderes gelernt.

Oder: Erfolgreich sein war die einzige Möglichkeit, »Gnade« bei den Eltern zu finden. Die Bestätigung und Anerkennung für Tüchtigkeit und Leistung sollte die nicht genügend vorhandene Einfühlung und Liebe ersetzen. Das muß nicht mit Zuckerbrot und Peitsche geschehen sein. Es gibt Familien, da herrscht auch unausgesprochen eine selbstverständliche Atmosphäre, die unbezweifelbar übermittelt: Wir sind tüchtig und erfolgreich! Nur Leistung zählt! Haste was — biste was! Das ist insgesamt eine schwere seelische Last, weil man um die herrliche Erfahrung gebracht wird, auch ganz einfach nur für das bloße Dasein angenommen zu sein.

Es ist besonders tragisch für nicht so begabten Nachwuchs und schlimm für uns alle, wenn sich solche Haltungen fortpflanzen, weil sie letztlich zerstörerisch sind.

Für die Karriere heiligt der Zweck die Mittel und als Zweck werden meist hehre Ziele bemüht: Frieden, Wohlstand, das Wohl des Volkes, menschliche Erleichterungen. Und sie glauben daran, daß sie etwas bewirken und erreichen könnten und fühlen sich bestätigt und entschuldigt durch tatsächliche Ergebnisse. Es ist der eigene Größenwahn, der die innere Nichtigkeit vergessen machen soll. Diese Täter werden von den Mächtigen jeder Couleur beschützt und verteidigt — ihre Aktivitäten und Leistungsfähigkeit, ihre Kompetenz und Erfahrung werden gerühmt, ihre Verdienste herausgestrichen — selbstverständlich bleiben die psychischen Motive verdeckt, sie haben dann natürlich auch niemandem geschadet, weil sie ja nur das Beste wollten, und so wird fast jede Drecksarbeit und Schweinerei verklärt und veredelt. Vor allem aber bleibt die innere Not verborgen, die zur Täterschaft verführt. Machtinteressen, Erfolgsdenken und Pragmatismus sind die Trias, die auch die Unmoral der Spitzeldienste umdeutet in die Zwänge höherer Interessen. Da hat dann auch letztendlich ein einzelnes Menschenschicksal keine besondere Bedeutung mehr.

Die Karrieretäter wollen im Dialog mit der Macht sich selber mächtig fühlen. Sie brauchen zu ihrer Selbstbestätigung Einfluß und Bedeutung, das ist ihre Droge gegen die tief erfahrene Bedeutungslosigkeit. Sie brauchen sich zu Spitzeldiensten gar nicht erst verpflichten zu lassen, sie handeln aus eigener Überzeugung – nicht unbedingt für das herrschende Machtsystem, aber für die eigenen Machtgelüste. So dürften auch zwischen ihren Idealen und denen der Führungsoffiziere kaum Differenzen bestehen: Ordnung und Disziplin, Sicherheit und Ruhe als oberste Bürgerpflicht, Effizienz und Erfolg des Handelns – all diese deutschen Sekundärtugenden als absolute Wertorientierung dürften es ihnen leicht machen, sich miteinander zu verstehen und zu verständigen. Aus diesem Grunde konnte es sich die Stasi auch erlauben, fast alle höheren Leiter in allen gesellschaftlichen Funktionen regelmäßig »abzuschöpfen«. Da die Interessenlage identisch war, wurden Kontakte und Gespräche als selbstverständlich empfunden, ja sie wurden mitunter sogar gesucht. Einmal mußte man der Stasi dabei etwas entgegenkommen und gefällig sein, ein anderes Mal konnte man freundliche Unterstützung und Hilfe bei den Organen der Macht erwarten. Ein Mann wie Stolpe mußte gar nicht erst IM werden, um ein IM zu sein!

2. *Die Bedürftigkeitstäter:* Sie handelten vor allem aus innerer unerfüllter Bedürftigkeit, die aber eher aus passiver, subalterner und abhängiger Haltung heraus befriedigt werden möchte – im Unterschied zum aktiv-expansiven, dominanten Bemühen der Karrieretäter. Die Grundstörung ist bei beiden Varianten durchaus vergleichbar, nur ihre Bewältigungsversuche sind verschieden und abhängig von Persönlichkeitsstruktur, Energiezustand und sozialem Milieu bei der ursprünglichen Prägung. Sie sind meist blaß, leise und zurückhaltend, dabei eher fleißig und strebsam, aber meist nicht sonderlich talentiert. Sie haschen ein Leben lang mühsam nach ein wenig Anerkennung. Durch Anstrengung und Tüchtigkeit, durch gute Zensuren und Lob, meist mühsam erarbeitet, wollen sie sich Aufmerksamkeit und Bestätigung holen. Sie dienen durch Gefälligkeiten, sind angepaßt und gehorsam, können schlecht nein sagen und ablehnen, wenn von ihnen etwas verlangt oder erbeten

wird. Sie sind zum Spitzel besonders geeignet, weil ihr Gehorsam die psychische Abhängigkeit vom Führungsoffizier und damit das konspirative Handeln sichert.

Der Führungsoffizier scheint das erfüllen zu können, was die Eltern schuldig geblieben sind: Interesse, Aufmerksamkeit, Bestätigung und Anerkennung. Endlich hört mal jemand zu, ist an den Mitteilungen interessiert und zeigt Wohlwollen. Die freundliche Tour und die persönliche Ansprache: Wir brauchen dich, du bist wichtig, du dienst einer großen Sache, du kannst helfen, wir fördern dich, wir schützen dich – waren die wirksamsten Mittel, Spitzel zu machen. Die Anerkennung und Bedeutung, die diese Menschen in ihrem Leben nie bekommen hatten, hat die Stasi praktisch feilgeboten. Die IMs, die in diese Gruppe passen, hatten vielmehr in ihrer Kindheit zu hören bekommen: Du taugst nichts, deine Meinung ist nicht gefragt, wir mögen dich nicht, du bringst es zu nichts – dies mußte nicht expressiv verbis ausgesprochen worden sein, es genügte die allgemeine Atmosphäre von Ablehnung, um eine tiefe Verunsicherung zu hinterlassen.

Das leichte Zusammenspiel autoritärer Erziehung mit dem inneren Mangelsyndrom als Folge und der späteren geschickten Ausnutzung dieses Zustandes durch Partei und Staatssicherheit zeigt besonders deutlich, wie menschenfeindlich autoritäre Herrschaftsstrukturen sind und wie gefährlich sie werden können. Diese zutiefst unmoralischen konspirativen Gespräche wurden auf diese Weise gar nicht mehr als etwas Verwerfliches empfunden, sondern konnten zu ganz normalen, mitunter sogar zu angenehmen Begegnungen heruntergespielt werden. Man traf sich zu einem Essen, bei Tee oder Kaffee, plauderte über dieses und jenes, und die Gesprächspartner waren freundlich interessiert, jovial, vermittelten positive Bestätigung, die geeignet war, das verletzte Selbstwertgefühl der Ausgehorchten aufzupolieren. Da war kein besonderer Auftrag mehr nötig. Die IMs plauderten aus ihrer Bedürftigkeit und konnten sich endlich »angenommen« fühlen. Ein Umstand, der das fast vollständige Fehlen eines Schuldbewußtseins und die Schutzbehauptung: »Ich habe doch keinem geschadet« erklären mag. Die Gespräche verliefen so, daß gar nicht der Gedanke aufkommen konnte, man würde jemanden »in die Pfanne« hauen. Seelische Bedürftigkeit macht blind. Laßt die Kinder in einem Mangelzustand und ihr habt später ein Heer von Spitzeln, Soldaten und Konsumenten!

So können wir auch verstehen, daß es zumeist eben gerade kein Doppelleben für die Spitzel gab, sie waren nicht »angesetzt« und allein zum Aushorchen irgendwo hingegangen, um dann nur darüber Bericht zu erstatten. Das hat es sicher auch gegeben, aber eher ist es die Ausnahme. Es wäre also ein großer Irrtum zu glauben, diese Täter seien wie Agenten: einerseits verkappte Akteure in einer subversiven Gruppe und andererseits Lauscher, Späher und kaltblütige Verräter. Nein, auch die oppositionelle Haltung muß dann nur als eine andere Variante derselben Problematik angesehen werden, die zu Spitzeldiensten verführt. Es geht um Sehnsucht nach etwas Aufmerksamkeit, Anerkennung und Zuwendung. Und dies wird zugleich doppelt geboten: als »Held« der Opposition und als liebevoll »Betreuter« des MfS (siehe Böhme, Schnur, Anderson). Die Stasi war der ideale Partner für alle, die sich bei Autoritäten beliebt machen mußten. Das Sich-Aussprechen-Können einerseits und das verständnisvolle Angehört-Werden andererseits sind eine große Versuchung für viele Menschen, die schon bei ihren Eltern wirkliche Annahme nie erfahren, aber Unterwerfung unter ihren Willen lernen mußten. Wer so erzieht, schafft die Grundlagen für eine Organisation wie den Staatssicherheitsdienst – ohne eine solche »Firma« wären die Menschen im Mangelzustand verurteilt zur Krankheit und Gewalt. Es klingt absurd, und ich will damit keineswegs eine solche Organisation rechtfertigen – nein, was ich will, ist, daß wir alle unseren Anteil daran erkennen und Verantwortung übernehmen für die künftige Verhinderung der psychosozialen Grundlagen solcher Verführbarkeit. Denn eine Stasi braucht Spitzel, und die Spitzel werden durch Erziehung produziert. Wir können zwar die Stasi abschaffen, aber wenn wir z. B. die Erziehung nicht verändern, haben wir bald wieder eine neue Stasi oder eben Gewalt auf unseren Straßen.

3. Die Opfertäter (die Verfehlungstäter): Das sind die Erpreßten, Gezwungenen und Genötigten. Entweder wurden kriminelle Delikte genutzt oder Handlungen, die als »politische Straftat« verfolgt werden konnten, aber auch die empfindlichen Schwachstellen eines Menschen wurden aufgegriffen, um ihn gefügig zu machen. Deshalb war die Stasi ja auch so interessiert, vieles über viele Menschen, auch über ganz Privates und Belangloses zu erfahren, um es bei Gelegenheit psychologisch geschickt gegen den Betreffenden nutzen zu können. Schon deshalb war prinzipiell jede Mitteilung an die

Stasi zum Schaden für andere. Mit dem Wissen konnte die Stasi dann andeuten, drohen und ängstigen. Immer den Nerv anzielend, konnten kleine Vorteile versprochen und Möglichkeiten eröffnet werden, die für den Betreffenden von zentraler Bedeutung waren. Da konnten Strafen gemildert oder erlassen werden, da ging es um die kleinen Privilegien von Ausbildung, Studium, Reise, Wohnung und Geld.

Die Anwerbung geschah bei Verhören, im Gefängnis, bei der Armee oder in anderen Abhängigkeitssituationen, in seelischen Notlagen und psychischen Konfliktsituationen. Im Zustand größter Not, wo sie als Opfer menschlicher Schwächen und Verfehlungen labilisiert und korrumpiert sind, wo sie dringend der mitmenschlichen Hilfe, des Einfühlens und Verstehens bedürfen, tritt die Stasi als »Freund und Helfer« auf und übernimmt »elterliche« Funktionen: Sie verspricht, verzeiht, versteht, eröffnet neue Chancen, oder auch in der brutalen Form: Sie bedroht, schüchtert ein, erpreßt, nutzt schamlos aus, quält und macht sich die vorhandene Selbstunsicherheit zu nutze.

Es ist mitunter schon erstaunlich, für welche Bagatelle sich Menschen erpressen lassen. Im Grunde genommen ist dies nicht durch die reale Tat zu erklären, sondern nur durch das viel größere Schuldgefühl, durch die Angst vor phantasierten Folgen, durch die Scham und Peinlichkeit als Folge einengender, tabuisierender, kleinkarierter und bigotter Erziehung. Menschen im Mangelzustand sind leicht verführbar und suggestibel, schwach und ohne klare Orientierung und ohne sicheren Halt. Da lassen sich auch immer sexuelle Begierden oder pekuniäre Nachlässigkeiten provozieren und kleine Delikte aufbauschen, um die Unsicherheit auszubeuten. Autoritäre Erziehung erzeugt eben Lug und Trug, Heimlichkeit und Hinterlist, Angst und Schuldgefühle – ein idealer Nährboden für die dunklen, üblen Machenschaften eines Geheimdienstes, der das Dunkle sucht und den »Schlamm« braucht, um seine schmutzigen Geschäfte im Verborgenen halten zu können.

Diese Täter haben wohl häufiger unter ihren Diensten auch gelitten, sie waren gequält, verzweifelt, reagierten auch eher mit seelischen, funktionellen und psychosomatischen Beschwerden. Sie kamen als Patienten auch zu DDR-Zeiten schon mal vor, die anderen nie. Allerdings haben auch sie sich nach der Wende nicht gerade häufig offenbart, doch wohl nicht allein aus Scham, sondern weil eben das infam ausgebeutete Delikt oder die menschliche Schwäche einen Zugang zur belasteten Lebensgeschichte und zum fragwürdigen Lebensarrangement (auch völlig ohne Stasi) eröffnen und damit eine umfassendere Schuld zutage fördern würde, wollten sie sich damit offenbaren.

4. Die Gehorsams-, Überzeugungs- und Rachetäter: Es bleibt noch diese geringe Zahl. Aus Gehorsam mag dieser oder jener Mitteilungen gemacht haben, einfach weil es von ihm verlangt oder erbeten wurde, weil, das Neinsagen nie geübt, aus innerer Unsicherheit und Abhängigkeit gar keine Verhaltensalternative zur Verfügung stand. Ihre Scheu machte sie aber für die »Firma« auch nicht gerade sehr geeignet.

Die Überzeugungstäter handelten ideologisch verblendet, fanatisiert oder auch nur von der guten Sache überzeugt, die Idee einer besseren Welt wirklich noch vor Augen. Von den Idealen des Sozialismus beseelt, stammten sie meist aus antifaschistischer Tradition. Aber solche Täter waren eher bei der SED aktiv als bei der Stasi, weil sie ihre Überzeugung in der Regel offen zur Schau trugen und jeder sehen und hören konnte, was sie dachten und wollten und so für konspirative Tätigkeit kaum zu gebrauchen waren. Nein, die Stasi war für ihre Belange vielmehr an den Menschen interessiert, denen man »so etwas« überhaupt nicht zutrauen konnte.

Und schließlich gibt es noch die Rachetäter, das sind die wirklich schmierigen Denunzianten, die ihre kleinlichen und spießigen Lebensprobleme und Nachbarschaftskonflikte glaubten feige und hinter dem Rücken, die üblen politischen Verhältnisse nutzend, lösen zu können — Menschen, die in ihrer Entwicklung auf der infantilen Stufe des Verpetzens stehengeblieben sind. Wenn auch äußerst widerwärtig: natürlich läßt sich auch bei ihnen eine zuvor erfolgte seelische Einschüchterung diagnostizieren. Aber auch diese Typen dürften bei der Stasi kein besonderes Interesse geweckt haben.

Wer sich aus solcher Perspektive als potentieller Spitzel oder als möglicher Handlanger überhaupt nicht wiederfinden sollte, der möge mir schreiben. Ich habe keine Furcht, an der Post zu ersticken. Wer die Stasi bekämpfen oder lediglich die IMs verfolgen will, rackert sich sinnlos nur an Symptomen ab, wo grundlegende Strukturveränderungen einer Gesellschaft vonnöten sind, die vor allem autoritäre Verhältnisse zwischen Eltern und Kindern, Mann und

Frau, Politikern und Wählern, Experten und Laien, Bürokraten und Bürgern aufheben müssen. Die Stasi muß zwar aufgelöst und die Spitzel müssen enttarnt werden, aber nicht stellvertretend und schuldverschiebend, sondern um Strukturen und ihre Folgen aufzudecken, zu verstehen und zu verändern. Täter müssen bestraft und geächtet sein, aber sie dürfen nicht für ewig ausgegrenzt und verdammt werden. Sonst wird altes Unrecht nur durch neues ersetzt.

Zum Strafen ist nur berechtigt, wer auch Raum für Reue läßt und zur Vergebung fähig ist, aber Vergebung kann nur nach Einsicht und Buße erfolgen. Lippenbekenntnisse und Gehirnwäsche sind keine geeigneten Methoden dafür. Psychologische Analyse kann und will nicht Schuld exkulpieren, aber sie kann Schulderkenntnis- und -bekenntnis erleichtern und damit auch neue Schuld vermindern helfen. Ich sage es noch einmal: Bei der öffentlichen Erregung über die IMs geht es nach meiner Beobachtung vor allem um Schuldverschiebung: Von den wirklich großen Tätern, die offensichtlich durch die Obrigkeitsscheu geschützt sind und von der eigenen Mittäterschaft auf Sündenböcke, die auf sich Eigenschaften versammeln, die Abscheu und Empörung geradezu anziehen: der Verrat, die Verlogenheit, die persönlichen Vorteile, die moralische Schwäche, das Kungeln mit der Macht, die Gewissenlosigkeit, die Gefühlskälte. Wer aber würde sich darin nicht bei genauem Hinsehen wiedererkennen. Insbesondere, wenn man an Partner, Kinder, Freunde und Kollegen denkt, die man verraten, belogen, betrogen, im Stich gelassen und enttäuscht hat. Und die Bedürftigkeit, die von vielen Spitzeln so schamlos ausagiert wurde, wie sehr sind wir davon nicht auch betroffen und quälen uns mit Verbergen und Beherrschen und mit Kompensieren, wo andere sich so gehenlassen.

7. Zum Umgang mit den Tätern

Vom Opfer zum Täter?

Ein völlig ungelöstes Problem ist der Umgang mit den Tätern. Strafrechtsverfahren, Überprüfungen und Entlassungen sind notwendig, aber völlig unzureichend, um dem viel komplexeren Geschehen einigermaßen gerecht zu werden. Opfer-Täter-Gespräche können sehr sinnvoll und nützlich sein, wenn sie nicht nur vordergründigen Showinteressen und Medienrummel dienen mit kommerziellen Gewinnen und exhibitionistischer Befriedigung. Aber die meisten Täter sind ja nicht zu ernsthaften, verstehenden, klärenden Gesprächen bereit, sie verweigern sich und schweigen. Und wenn sie doch zur Rede gestellt oder bekannt werden, leugnen sie häufig, bagatellisieren ihr Tun und sagen fast immer: »Ich habe aber niemandem geschadet!« Gerade enttarnte IMs zeigen überwiegend eine bockige Abwehr, verteidigen und erklären sich, sie verharmlosen ihre Schuld und zeigen mehr Selbstgerechtigkeit als eine Bereitschaft zum Schuldbekenntnis. Und wenn doch, dann ist es meist diese peinliche und infantile, von Eltern und Schule abgerungene Entschuldigung und verlogene Zerknirschung: Ja, ich sehe ja alles ein, ich will mich bessern und bin auch wieder ganz lieb.

Im Grunde genommen ist dies eine unmögliche Situation. Unter solchen Bedingungen könnte zum Beispiel keine Therapie geschehen, weil diese immer an die ehrliche Bereitschaft des Klienten gebunden ist, sich wirklich zu öffnen und mitzuteilen, auch über das Unangenehme, Peinliche, Schmerzliche und scheinbar nur Nebensächliche.

Was also kann man über die mögliche Strafverfolgung und Entlassung aus öffentlichen Diensten und Führungsfunktionen hinaus noch tun? Wer Schuldverschiebung und den Sündenbockmechanismus vermeiden will, was moralisch dringend geboten ist und auch öffentlich bestärkt werden sollte, um nicht vom Opfer zum Täter zu werden, vom Verfolgten zum Verfolger, der kann Gespräche suchen oder anbieten, aber er muß unbedingt seine eigene Einstellung zu den Tätern vor sich selbst klarstellen. Gespräche werden nur selten zustandekommen, was zu bedauern ist, aber wer als Opfer vor der inneren Selbstklärung kneift, der wird schon wieder schuldig.

Gespräche sind der Ort, wo Aug in Aug Empörung, Enttäuschung, Angst, Schmerz und Trauer geäußert werden können, wo

Zusammenhänge und Hintergründe aus der Lebensgeschichte und sozialen Verstrickung deutlich und persönliche Motive, Not und Versagen benannt werden können. Solche Gesprächsangebote können wir offenhalten, ich halte aber nichts von »Rettungsaktionen« und aufgedrängter »Hilfe« — das wäre ebenso sinnlos, wie Süchtige von ihrem Fehlverhalten abbringen zu wollen, was meist auch mehr der »Helfer« braucht, als daß es dem Betroffenen dient. Aber eine Hand können wir immer hinhalten, müssen aber mit der bitteren Tatsache leben, daß sie häufiger wohl nicht ergriffen wird. Als reife Haltung empfinde ich die eigene Fähigkeit, auf Verfolgen und Bekehren verzichten zu können, aber für die auch belastende Beziehung offen zu bleiben. Wer als Täter freiwillig und bereitwillig klärende Kontakte sucht, öffnet für sich und andere neue Möglichkeiten, wenn dabei Schuld erlebt und mit allen Gefühlsfacetten durchlitten werden kann. Der Gesprächspartner sollte also auf Trost, Entschuldigung und Verurteilung verzichten, nicht aber auf seine eigenen Gefühle, auf den Ausdruck seiner Betroffenheit.

Schwierig bleibt die Situation, wenn IMs bekannt werden (zum Beispiel durch Akteneinsicht), die sich nicht freiwillig offenbart haben und auch dann noch leugnen und ihre Unschuld beteuern, wenn die Indizien gravierend sind. Erneut sind dann die ehemaligen Opfer wieder Betroffene, die eine Last zu tragen haben: Sie müssen Klärungen herbeiführen, Entscheidungen treffen und die Beziehungen neu ordnen — schließlich sind es Familienangehörige, Freunde und Bekannte, Kollegen, mit denen man weitere Kontakte hat, haben muß, haben möchte oder eben auch nicht. Bei mangelnder Klärungsbereitschaft und vorwiegender Abwehr und Verschlossenheit der Schuldigen werden die Stasiakten nahezu zu »objektiven« Beweismitteln, um das Verhalten und die mögliche Schuld des Stasi-Mitarbeiters halbwegs einschätzen zu können. Dies ist eine unwürdige und beschämende Situation, wenn man die Stasi und ihre Produkte zu Zeugen oder Zeugnissen nehmen muß. Die Entscheidungsnot läßt aber oft keine andere Wahl zu.

Die Tatsache des hartnäckigen Leugnens kann uns auf den verdeckten aggressiven Charakter der Verweigerung aufmerksam machen. Ich hatte bereits die Zurückhaltung der IMs als eine Schutzfunktion herausgearbeitet, weil die Offenbarung über die Stasi-Mitarbeit zum Einstieg in die verdrängte gesamte Lebensproblematik werden kann, die den Betreffenden dann wie bei einem Dammbruch überfluten könnte. Aber die Aggression der Verweigerung weist uns noch auf eine andere Funktion der Spitzeldienste hin: Sie waren offensichtlich auch ein möglicher Abfluß gestauter Aggressivität gegen Verwandte, Freunde, Kollegen und Vorgesetzte, mit denen eine offene Auseinandersetzung offenbar gescheut wurde. Dies macht uns erneut aufmerksam auf die innere Konstellation der IMs: Mangelsyndrom und Gefühlsstau, unbefriedigte Bedürftigkeit und Enttäuschungswut, die nicht gegen die schuldigen Verursacher gerichtet werden, sondern gegen die »Geschwister« und »Ersatzeltern«, zu denen alle Autoritäten gemacht werden können. Und ein Rest dieser abgelenkten Aggressivität kann mit dem Leugnen jetzt noch ausgelebt werden, andernfalls würden ja eventuell die wirklichen und ängstlich gemiedenen Haßobjekte als Zielscheibe fällig.

Als Betroffener kann ich mein Verhalten aber nicht von der Bereitschaft der ehemaligen Täter und Verräter abhängig machen, ich muß mich klarmachen, auch wenn kein Entgegenkommen vorhanden ist. Dies gelingt am ehesten, wenn ich über meine eigene Lebenssituation mit all ihren Erfolgen und all ihrer Schuld gut Bescheid weiß. Das mag paradox klingen, doch ist es sicher einleuchtend, daß nur durch eine umfassende Selbstkenntnis und möglichst unverzerrte Selbsteinschätzung die mögliche Projektion, Schuldverschiebung und die ängstliche Nachsicht und das vorschnelle Verzeihen vermindert werden können. Zwar ist auch der verstockte Täter meinen offenen Zorn, die berechtigte Entrüstung und schmerzliche Enttäuschung wert, aber er sollte durch sein Verhalten nicht weiterhin Macht über mein Befinden haben und auch nicht herhalten müssen für meinen eigenen Gefühlsstau. Wenn sich Täter der Konfrontation entziehen, kann ich mich an Freunde oder Therapeuten wenden, um meine Beziehung zu ihnen zu klären, auch wenn diese dazu gar nicht bereit sind. Wenn ich mit mir halbwegs klar bin, beende ich meine Opferrolle, ohne in die Täterrolle umzusteigen. Keinen Zweifel will ich aber an unserer Pflicht lassen, keine Mühen und keinen Kampf zu scheuen, um nicht schuldbereite Täter aus einflußreichen Positionen zu verjagen.

Das unfreiwillige Outing

In Halle ist von anonymen Absendern eine Liste von Namen veröffentlicht worden, die etwa 4500 vermutliche inoffizielle Mitarbeiter der Stasi nennt. Eine Stadt kennt nun ihre Spitzel. Darf man uns darum beneiden oder nicht? Vorerst ist viel Aufregung und Diskussion um die Art und Weise des Outings — viel zu viel, das verrät schon wieder die Abwehrabsicht. Man streitet über die Formalia und vernachlässigt dabei die Inhalte und eigentlichen Themen: Verrat, Schuld, Schuldverschiebung und Bedingungen, welche Menschen leicht schuldig werden lassen. Die Anonymität der Liste ist zu bedauern, sie schmälert vor allem den Aussagewert. Es gibt offenbar zu Unrecht Genannte, und es fehlen wohl noch viele, die die Liste nicht nennt, auf jeden Fall gibt es aber große Unterschiede hinsichtlich der Schuld der aufgeführten Personen — eine differenzierende Beurteilung tut also Not.

Mir wäre es lieber gewesen, die Liste wäre nicht nötig geworden, weil durch Selbstoffenbarung der IMs oder durch rechtlich sauber und halbwegs gerechte Aufdeckung ein solcher Weg überflüssig geworden wäre. Dies ist aber leider nicht geschehen. So sehe ich diese Liste auch als eine dringliche Notlösung an: Es muß endlich auf den Tisch, was auf den Tisch gehört! Es ist nicht akzeptabel, wenn die Täter von gestern, die moralisch Ehrlosen unbehelligt bleiben oder sogar in neuen Ämtern und Würden ihre Gesinnung weitertragen dürfen. Es ist auch für sie selbst nicht gut, weil die Chance zur tieferen Einsicht versperrt bliebe, und es ist vor allem für die Opfer unzumutbar und für die Strukturen unseres Zusammenlebens eine gefährliche Last. Es ist zu bedauern, daß wir keine andere Möglichkeit gefunden haben, und es ist ein Skandal, daß das Einsichtsrecht in die Stasiakten so ungenügend und schleppend nur umgesetzt wird. Wir brauchen sofort die Einsichtsmöglichkeit, damit der persönliche und differenzierende Prozeß der Klärung und Auseinandersetzung mit den Schuldigen endlich geführt werden kann. Die fortgesetzte Verschleierung der wahren Verhältnisse, die unaufgedeckte Konspiration sind eine wesentliche Ursache für die belastete Atmosphäre in Deutschland, für weiteres Mißtrauen und neue Verdächtigungen, für vergiftende Gerüchte und für wilde Projektionen. An die Bundesregierung und die Landesregierungen muß deshalb die Forderung gestellt werden, die Gauck-Behörde finanziell und personell dringend so auszustatten, daß wir von unserem Akteneinsichtsrecht sofort Gebrauch machen können.

Es war von Anfang an klar, ohne Aufklärung unserer dunklen Vergangenheit gibt es keinen sozialen Frieden in Deutschland. Aber die hingeworfenen Namen schaffen noch keine reinigende Klärung.

Das können solche Listen auch nicht leisten. Damit wurde aber eine völlig neue Situation geschaffen, die auch das Stasiunterlagengesetz nicht vorsieht: Namen von vermutlichen IMs wurden öffentlich bekanntgemacht. Sie werden damit alle in einen Topf geworfen, bekommen ein Zeichen eingebrannt und sind umfassenden Verdächtigungen und Projektionen ausgesetzt, ohne sich angemessen erklären zu können, und selbst wenn sie dies mit ihren Opfern täten, bliebe ein weites Feld nicht klärbaren Mißtrauens offen. Natürlich ist auch der zynische Standpunkt berechtigt, das sei nun mal die gerechte Strafe für verwerfliches Tun, ein Akt öffentlicher Ächtung, wo juristische Verfahren nicht mehr greifen. Nur die großen Unterschiede der individuellen Schuld und ihre sehr verschiedenen Bedingungen lassen gegen diese Haltung deutliche Bedenken aufkommen.

Wir brauchen in Halle Gesprächsrunden und Akteneinsicht. Wir haben einen schwierigen Prozeß des Aufklärens zu bestehen. Täter bekommt man nur aus großem Leidensdruck oder bei angstverminderter, zum Verstehen bereiter Atmosphäre zum Gespräch. Wir müssen Räume schaffen, wo Anklagen und Verteidigen, Be- und Entschuldigungen nicht mehr nötig sind, sondern ein Sich-Öffnen möglich wird. Die Stasischuld ist immer ein Einstieg in tiefere Schuld, die aber durch Schuldgefühle verdeckt wird. Und wenn es gelingt, dies im Gespräch zu durchdringen, eröffnet sich eine heilsame Möglichkeit zur Katharsis des Gefühlsstaus.

Ich kann den von dem unfreiwilligen Outing betroffenen Tätern nur raten, solche klärenden Gespräche mit den Opfern zu suchen. Aber auch das Aussprechen und das Klären und Bekennen von Schuld gegenüber Therapeuten oder Seelsorgern ist eine durchaus akzeptable und empfehlenswerte Chance. Hier trifft das gleiche zu wie bei den Opfern, die nicht zu Tätern werden wollen, wenn die Täter nicht zu Opfern werden wollen, daß sie klar werden mit sich selbst. Nur die ungetrübte Aufrichtigkeit vor sich selbst ist ein wirksamer Schutz vor unberechtigten Beschuldigungen und Belastungen infolge des öffentlich preisgegebenen Verdachtes.

Schuld als Tragödie

Mit der Veröffentlichung von Namen vermutlicher IMs ist offenbar bei einigen Benannten ein Leidensdruck entstanden, der ihnen den

Weg zum Therapeuten geöffnet hat. Möglicherweise ist dies nur eine kleine Zahl von Betroffenen, deren Geschichte ich aber deshalb besonders tragisch empfinde, weil in ihnen sich mehr die Perversität der Strukturen widerspiegelt, als daß die persönliche menschliche Schwäche oder die bewußte böse Tat zum Ausdruck käme. Es paßt auf sie weder die Charakteristik des »Schwächlings« noch des »Schurken«, sondern ganz im Gegenteil sind sie meist hochangesehene, tüchtige, im Beruf sehr kompetente Persönlichkeiten, ehemals oder immer noch in leitenden Funktionen und allseits als ausgesprochen zuverlässige, treue und integre Menschen bekannt. Sie waren in der Regel auch nicht in der Partei, sie befanden sich innerlich mitunter sogar in deutlicher Distanz zum politischen System und riskierten manchmal auch äußerlich eine kleine kritische Bemerkung. Die hervorstechendsten Merkmale sind Tüchtigkeit und Fleiß, Leistungsbereitschaft und große Fähigkeiten, weswegen sie doch, obwohl parteilos, allmählich und unvermeidbar in immer höhere Funktionen und Ämter aufgestiegen sind. Das gab es auch in der durchorganisierten Kaderschmiede DDR. Das hohe fachliche Können und die brauchbaren, politisch ungefährlichen Persönlichkeitseigenschaften machten das möglich, und parteilose oder Blockpartei-gesteuerte Alibimenschen mußte es natürlich geben, und bei hohem Können waren sie erst recht geeignete Objekte, um dem »demokratischen« Charakter und das »Weltniveau« des »sozialistischen Vaterlandes« demonstrieren zu können.

Jeder staatliche Leiter in der DDR konnte jederzeit von der Stasi aufgesucht und zu informellen Gesprächen »verpflichtet« werden. Das war üblich und das wußte auch jeder. Solche Gespräche brauchten keine schriftliche Verpflichtung, auch keinen Handschlag, nicht einmal eine verbale Zustimmung, allein die Obrigkeitsfurcht und Autoritätshörigkeit waren Grund genug, solche Gespräche zu tolerieren. Dies konnte durchaus auch widerwillig geschehen, vor allem aber war Furcht eine starke Antriebskraft zur Gesprächsbereitschaft. Eine Furcht, die sich in der Hauptsache aus latenter Angst speist und die wirkliche Bedrohung verdecken soll. Man fürchtete vor allem eigene berufliche Behinderungen, Aufstiegsschwierigkeiten für die Kinder und den Verlust der kleinen Privilegien (Wohnung, Wochenendgrundstück, bevorzugte Vergabe von Autos und Reisen).

Das Besondere dabei ist aber, daß gerade der berufliche Erfolg, für den keine Mühen noch Anstrengungen gescheut worden waren, affektiv maximal besetzt, praktisch zur wichtigsten Angelegenheit im Leben aufgestiegen war. Hier konnten sich höchst edle Haltungen: Altruismus, Helferwille, menschliches Mitgefühl und hoher Gerechtigkeitssinn entfaltet haben. Damit wurde umfassend kompensiert und all das ausgelebt für andere, was man sich zutiefst selbst gewünscht, aber nie erfüllt bekommen hatte. Wenn sich solche Menschen auf der anonymen Stasi-Liste wiederfinden, erfüllt sich doch noch ein alter Fluch, dem man ein Leben lang durch große Bemühungen entfliehen wollte: Du bist nicht wirklich angenommen und geliebt!

Ich sah solche traurigen Gestalten in tiefster Erschütterung und völligem Unverständnis vor mir sitzen, die ganze Welt stimmte nicht mehr, alle orientierende Ordnung war zusammengebrochen, die großartigen Erfolge des Lebens waren plötzlich entehrt, und sie erlebten sich einer pauschalen Verurteilung ziemlich wehrlos ausgeliefert. Ich gewann dabei selbst wieder Kontakt zu den ganz tiefen Bereichen schmerzlicher Sehnsucht und Enttäuschung und verfluchte die offenbar unausweichliche Tragödie, die mögliche Täuschung, der man im besten Glauben verfallen kann, und nicht einmal etwas davon ahnt, bis vielleicht durch eine schwere Krankheit oder ein demütigendes soziales Dilemma die Notbremse gezogen wird, vielleicht die einzige und letzte Chance vor dem Sterben, die man auch noch verfehlen kann, wenn nur medizinisch oder mit Distanzierung darauf geantwortet wird.

In den Gesprächen mit der Stasi entstand niemals das Gefühl, man hätte jemanden verraten und irgendwelchen Schaden zugefügt — daß alleine schon der Kontakt zu einer kriminellen Organisation schädigend ist, lag nicht im Gedankenhorizont und auch nicht, daß die Stasi natürlich ihren eigenen Bewertungsmaßstab hatte und man nicht in der Lage war, den entsprechenden Mißbrauch übermittelter Informationen zu verhindern — so wurden eigene Befindlichkeiten und Meinungen, die Stimmung im Arbeitsumfeld, die Sorgen und Probleme anderer Menschen mitgeteilt, auch durchaus in der Überzeugung kritischer Auseinandersetzung mit dem Machtorgan und notwendiger Information an die für unser aller Leben in der DDR so wichtige Institution.

Auch wenn einige dies heute nur als Schutzbehauptung für ärgeres Tun benutzen mögen, es gab tatsächlich dieses verzweifelte Bemühen um Einsicht bei den Oberen, daß sie Veränderungen und Entwicklungen in Gang brächten und daß ihnen Hilfen für die kleinen, ganz konkreten, alltäglichen, mitunter aber schlimmen Querelen abzutrotzen wären. Manch einer sah dabei, nicht zu Unrecht, in der Stasi das eigentliche Machtorgan und verfing sich unweigerlich in ihren Netzen. Wir wollen auch nicht vergessen, daß dieses politisches System sich bereits wieder als neues »1000jähriges Reich« verstand und Worte wie »ewig« und »unverbrüchlich« alltäglich verwendet wurden. Wir hatten uns alle einzurichten, ohne die geringste Hoffnung, daß dieses totalitäre System aufzulösen sei. Und für dieses eine einzige Leben, das gestaltet sein wollte, gab es natürlich Wichtigkeiten, die aus einer größeren Perspektiven zu Nichtigkeiten schrumpfen können. In einer Gefängniszelle halte ich es nicht für absurd, zu einem Sonnenstrahl zu beten, der die Gitter durchdringt, und Zwiesprache mit einer Wanze zu halten und Freund des Wärters werden zu wollen. Unsere Werte sind schon ausgesprochen relativ. So war auch der Kontakt zur Stasi eine denkbare Variante, um sich das schwierige Leben erträglicher zu machen.

Eine Einstellung und Haltung, die übrigens auch von der evangelischen Kirche und vielen westlichen Politikern vertreten wurde, um durch Gespräche und Kontakte einen »Wandel durch Annäherung« zu bewirken. Der Übergang zu den Karrieretätern ist dabei fließend, und jeder einzelne muß mit sich ins Reine kommen, der mit der Stasi schmutzige Hände geschüttelt hat. Nur wenn man jedes Wort und jede Geste und die ganz tief verborgenen Motive kennen würde, wäre vielleicht eine halbwegs gerechte Beurteilung möglich.

Spitzel, Denunziant, inoffizieller Mitarbeiter sind keine passenden Bezeichnungen für derart Betroffene. Es ist ihre Gutmütigkeit und Beflissenheit, ihre Schwäche, nicht ablehnen zu können, und ihre Überschätzung, durch Bemühen (in diesem Fall: richtig erklären, überzeugen, richtigstellen, die notwendige Meinung sagen), etwas bewirken zu können, was schamlos ausgenutzt und »abgeschöpft« wurde, so daß wertvolle Informationen für das Sicherheitsorgan herausgefiltert werden konnten. Ich sprach welche, die auch heute noch mit »tiefer Überzeugung« dafür stehen: Wie denn sonst hätte in diesem Land etwas bewegt werden können, wenn man nicht die Stasi dafür gewonnen hätte. Ist das absurd? Nein! Die Tragik aber liegt in der unheilvollen Allianz des in seiner Moral zutiefst verrotteten Sicherheitsdienstes (auch das sehen viele hauptamtliche Stasi-Mitarbeiter noch heute völlig anders und qualifizieren ihre Tätigkeit als hochmoralische und tapfere Arbeit) und der neurotischen Anständigkeit des Einzelnen, die aus Not und Bedürftigkeit in ein schmutziges und dunkles Gewerbe nur allzu leicht hineintrödelt. Wer es immer noch nicht wahrhaben will: Neurose ist eine tragische Gefahr! Zunächst eine sinnvolle Leistung, um sich unerträgliche Umstände erträglich zu machen, wird schließlich ihre unvermeidbare Einengung zur Behinderung von Vitalität, Kreativität, Authentizität und Ehrlichkeit. Der Schutz vor lebensbedrohenden Gefahren wird nun zur Gefahr für das Leben und Zusammenleben. Gesellschaften also, die massenhaft Neurosen produzieren, sind höchst gefährliche Gesellschaften.

Als Therapeut stehe ich vor solchen Tätern ziemlich hilflos: Hunderttausenmal in ihrem Beruf positiv bestätigt, mit -zig Beweisen ihres erfolgreichen, mitunter sogar begnadeten Wirkens ausgerüstet, was jede tiefere Erkenntnis und Schulderfahrung nahezu unmöglich macht, wird damit die ganze Absurdität dieser Welt, die umfassende Perversion der Kultur vor einem ausgebreitet – da bleibt kein Rat mehr, da ist nur noch blanker Schmerz.

Die Schuld der »Schwachen«

Unlängst bekam ich eine Kritik zu meiner Meinung in die Hände, in der vor allem mein Vorwurf gegen uns selbst, gegen das Untertanensyndrom bemängelt wurde und unser fehlender Widerstand doch ganz schlicht aus Angst vor den Sanktionen des Terrorregimes zu erklären sei. So unsensibel kann eigentlich nur ein Westdeutscher denken, der sich nicht mit der permanenten Frage des Mitläufertums auseinandersetzen mußte und den zwar engen Spielraum, aber die doch gewichtigen Nuancen nicht kennt, die zwischen Würde und Ehrlosigkeit entscheiden konnten, ohne Held oder Märtyrer werden zu müssen.

Gerade in totalitären Systemen kann deutlich werden, wie der Obrigkeit immer mehr Macht verliehen wird, wie es zu einem Wechselspiel zwischen oben und unten, zwischen Repression und Unterwerfungsbereitschaft kommt, wie sehr Abhängigkeit, innere Unfreiheit und Bedürftigkeit nach strenger Führung, Enge und Härte gieren, um das Bewußtwerden der erlittenen frühen seelischen Kränkung zu vermeiden, um die Empörung und den Schmerz zu zügeln, der unweigerlich aktiviert würde, wenn plötzlich wirkliche Freiheit ausbräche. Lebensfreude ist eben nicht so einfach zu haben, wenn das bisherige Leben Angst und Plage war: Das Gute macht erst das Schlechte richtig bewußt. So ist das Bessere niemals ohne Schmerzen zu erreichen. Aber genau das, weil es wirklich weh tut, will nicht wahrgehabt werden. Es wird bekämpft und dann heißt das einfache Märchen: Schuld sind die bösen Führer, die halten ein ganzes Volk durch Terror in Schach, die Menschen aber überdauern durch kluge Anpassung und bewahren sich das Gute, und wenn die Bösewichter gestorben oder auch mal vertrieben sind, dann kann das Gute endlich wieder blühen und gedeihen. Das dachten viele nach dem Sieg der Alliierten über das faschistische Deutschland, so denken heute viele Westdeutsche und wundern sich, daß die Menschen im Osten nicht dankbar aufblühen und ihre »Befreiung« feiern.

Immer wieder werden die berühmten »Nischen« erwähnt, in denen angeblich das andere Leben, das ehrlichere, aufrechtere, würdevollere, stattgefunden haben soll. Was sich die Menschen alles für Ausreden einfallen lassen, um dem bösen Fluch zu entkommen, dem sie Tribut gezollt haben. In dieser geschlossenen Gesellschaft gab es keine Schlupfwinkel, die der Macht- und Sicherheitsapparat nicht erreicht oder unberührt gelassen hätte. Einen geschützten Raum gab es ebensowenig, wie es einem Verbrecher oder Ausflippenden möglich gewesen wäre, unterzutauchen. Auch deshalb gab es kaum eine nennenswerte schwere Kriminalität in der DDR.

Die Gaus'sche liebenswürdige Metapher von der »Nischengesellschaft« mag für ihn, den Westdeutschen, der in der DDR seine Nische gefunden hatte, zutreffen, sie verkennt aber die unweigerliche Selbstzensur, die sich die meisten Menschen auferlegt hatten, um sich das enge Leben erträglicher zu machen und um sich nicht ständig an den Ketten wund zu schlagen. Das war ja das Ziel der »sozialistischen Erziehung«: solange ängstigen und beeinflussen und keinen Zufluchtsort lassen, bis die Menschen von selbst das gewünschte Verhalten zeigten. Es wäre auch ein großer Irrtum zu glauben, wenigstens die Kirche sei noch ein Ort des freieren Lebens gewesen. Es wäre eben keine »Kirche im Sozialismus« gewesen, wenn das wirklich stimmte. Da gingen schon »Thron und Altar« Hand in Hand, um für Anpassung, Ruhe und Ordnung zu sorgen. Die Kette war nur ein wenig gelockert, der Auslauf etwas erweitert, aber an den entscheidenden Grenzen ging nichts mehr: Der Protest, die Lust, das Experiment, die Tat blieben stets im Rahmen, und wenn doch einer mal über die Stränge schlagen sollte, dann waren die Stolpes »hilfreich« zu Diensten.

Die Nische galt nur so weit, wie der Radius der Kette reichte: Man konnte saufen, schweineigeln, schachern, oder schönen Gedanken nachsinnen, auch lästern und fluchen, aber ohne Konsequenz für das reale Leben. Es war eine Spielwiese im Freiraum der Kette. Ein gewünschter Rückzug ins Private, die Rücknahme sozialer Energie für politisches Engagement und Lebensveränderung in den kleinbürgerlichen Zeitvertreib. Die Nische als ein Ort für Modelleisenbahnfans: liebenswert, aber gesellschaftlich kastriert. Und auch da und erst recht da, war die Stasi immer dabei, und wenn sie nicht dabei war, wurde stets angenommen, sie wäre dabei. Wir waren längst soweit, daß dies keinen Unterschied mehr machte, die Stasi war längst verinnerlicht.

Nein, Schuld ist nicht nur oben, sie ist auch unten, Schuld ist aktiv oder passiv, sie entsteht durch Tun oder Unterlassen, durch Befehlen oder Gehorchen, durch Bestimmen oder Zustimmen, durch Führen oder Mitlaufen. Jedem wachsen an seinem Platz Schuldmöglichkeiten zu durch die entsprechende Kompetenz und Pflicht. Wem dieses Denken fremd ist, mag sich mal in menschliche Beziehungen hineindenken, in denen einer der Partner meistens schweigt oder nur depressiv jammert oder sich rat- und hilflos gibt. Man soll nicht die Kraft unterschätzen, die im Schweigen andere reden macht, die im Jammer Trost provoziert und bei Hilflosigkeit Zuwendung aktiviert. Das ist die Macht der Schwachen! Die Menschen in der DDR wußten oder ahnten zumindest etwas davon.

Ich will nichts nivellieren oder bagatellisieren – ein Mörder bleibt ein Mörder, der seine Strafe verdient, und man kann seinem Opfer nicht die gleiche Schuld zuweisen, selbst wenn es die Tat provoziert hätte –, da bleiben schon erhebliche Unterschiede. Aber die Schuld des Mörders findet schon ihr Gegenstück, vielleicht in der verweigerten Liebe der Eltern oder in den gesellschaftlichen Verhältnissen, die soziale Unsicherheit und schweres Unrecht erzeugen. Wir haben keinen Mangel an Recht, wenn es um eindeutig kriminelle Schuld geht, aber wir haben ein tiefes Verständnisdefizit von den Ursachen und Zusammenhängen, die Schuld verursachen, bedingen, verschieben und zu Unrecht anderen zuweisen. Und wir wollen meistens nicht zur Kenntnis nehmen, daß im Rückzug und Privatisieren, in den individualistisch gepflegten Nischen, im politischen Desinteresse und passiven Dulden sich erhebliche Schuld anhäufen kann, weil dadurch »den anderen« das Feld von Macht, Einfluß und Entscheidung überlassen wird.

8. Der Schrei nach Liebe

Von den inoffiziellen Mitarbeitern der Stasi wissen wir bereits, daß ein wesentliches Motiv ihres Handelns in ihrer Bedürftigkeit, in ihrer Sehnsucht nach Anerkennung, Bedeutung und Wichtigkeit zu finden ist. Die Beziehung zu den Führungsoffizieren ist von vielen offenbar wie ein quasi familiär-privates Verhältnis empfunden worden. Dabei mögen durchaus väterlich belehrende, beratende und interessierte Züge wie auch mütterlich-fürsorgliche, nährende und beschützende Zuwendungen der begehrte Lohn für anrüchiges Tun gewesen sein. So kam wohl meistens ein Gefühl für das Beschämend-Schmachvolle gar nicht erst auf oder wurde schnell wieder weggesteckt, weil das Gespräch mit dem »Organ« so persönlich, freundschaftlich-plaudernd oder ganz offen geführt werden konnte, was eben für viele Menschen sonst kaum zu haben ist. Die Lieblosigkeit der Kindheit machte zu anfällig für die kleinste Geste des Interesses und der geschenkten Aufmerksamkeit. Der Verrat ist der geflüsterte Schrei nach Liebe, wie die Gewalt auf den Straßen der wütende Aufschrei wegen nicht erfahrener Liebe ist! Und was die Führungsoffiziere ihren »Babys« gaben, das schenken die lüsternen Zaungäste und johlenden Sympathisanten der Randale ihren »Monstern«. Führungsoffiziere und Spitzel gehören ebenso zusammen wie kleinbürgerliche Untertanen und Gewalttäter.

Die Hatz auf die IMs wurde wohl durch den lauten Aufschrei Wolf Biermanns eröffnet, der in seiner Preisrede zur Verleihung des Büchner-Preises der »Deutschen Akademie für Sprache und Dichtung« die tiefe Kränkung und Verletzung seiner Seele so wohltuend offenbarte. Er benannte den »unbegabten Schwätzer Sascha Arschloch« als Stasi-Spitzel, ließ seine Enttäuschung über »meine lieben Ossis, ich mag sie nicht mehr, sie wurden mir vor 16 Jahren gestohlen, und sie können mir gestohlen bleiben« heraus und hielt auch mit seinem Unmut nicht zurück: »Aber das massenhafte, das breitärschige Selbstmitleid dieser wohlgenährten Untertanen in der ehemaligen DDR widert mich an. Es ging ihnen zu lange zu schlecht, und es ging ihnen dabei offenbar nicht schlecht genug ...«

Ich kann das gut hören, auch wenn es weh tut, aber leider stimmt es! Dieser ewige Kreislauf: erst Anpassung und Unterwerfung, dann schuldig mitverursachtes Desaster, dann jammerndes Selbstmitleid mit ungebrochen neuem Anpassungswillen. Das dumpfe

Erlösungsbegehren und die sich jedem geeigneten Herrn andienende Unterwerfungsbereitschaft sind von tödlichem Übel. Ich kenne zwar die Entstehungsgeschichte dieser Widerwärtigkeit, aber dies entläßt uns nicht aus der Verantwortung für Widerspruch und Verweigerung, für Ungehorsam und kreatives Chaos angesichts der Kriege, der Gewalt und der Zerstörung, die immer wieder durch Gehorsam, Disziplin und Ordnung verursacht werden.

Wenn ich über Wolf Biermann nachdenke, den ich leider noch nicht persönlich kennengelernt habe, dann spreche ich mehr über meine Phantasien, ich will und kann ihm nicht mit einer psychologischen Analyse gerecht werden. Dazu müßte ich ihn gut kennen, und dann würde sich eine Analyse in der Öffentlichkeit von selbst verbieten. Nein, ich will ihn nur benutzen als eine Symbolgestalt der Öffentlichkeit, der es immerhin als Einzelner fertigbrachte, das ganze hochgesicherte, aufgerüstete und die Menschen mitunter wie Marionetten mißbrauchende DDR-System zu erschüttern und dessen Kläglichkeit und Schwäche zu entlarven.

Schon einmal, bei seiner Ausbürgerung, ging eine Welle der Erregung, des aufkeimenden Widerspruchs, der aus der Lähmung erwachenden Lebendigkeit durch unser Land – da war eine Energie aufgebrochen, und er, der Verzweifelt-Unbeugsame, hatte sie entzündet –, und jetzt wieder, längst nicht mehr so vehement, aber die Flamme der Revolution war ja auch schon lange wieder erstickt, da rührt seine hinausgeschriene Enttäuschung und Empörung erneut an den Nerv der Nation. Biermann ist für mich deshalb ungewöhnlich, weil er ein tiefes Feeling für die Seelenlage vieler Menschen hat und die Gabe, dies auch treffend zu entäußern. Dies kann ich mir nur so erklären, daß auch er im Grunde vor allem nach Liebe schreit. Und daß er sich mit einem ganzen Staat, einem ganzen Volk wagt anzulegen, sehe ich als ein Maß für seinen Schmerz. Darin fühle ich mich ihm verwandt. Es ist auch der gleiche Schmerz, den ich auf der Therapie-Matte zum Aufschrei bringen möchte. Und ohne ein Gespür für das eigene schmerzliche Elend, könnte Biermann nicht so reden und so singen und ich auch meine Arbeit so nicht tun.

Der große Widerhall bei den Menschen, die begeisterte Zustimmung bis haßvolle Ablehnung auf Biermannsche Worte verrät das Getroffensein, den jeweils eigenen, zum Klingen gebrachten Schmerz. Klare und wahre Worte sind dazu in der Lage, sie sind also sehr wichtig und der Affekt dazu erst recht. Und dennoch ist dabei die Gefahr groß, daß Gefühle in den großen Affekt gepackt werden, die in Wirklichkeit Vater und Mutter, Lehrer, Arzt und Pastor meinen, die unser Leben mit Angst, Schuldgefühlen, Enge und Verlust belastet haben. Es geht um die Liebe, die wir gebraucht hätten, statt dessen wurden wir versorgt, erzogen und hergerichtet. Und unsere Spitzel, die Schweinehunde, sind daran nicht schuld! Und die blöden Ossis, die ich oft genug auch nicht leiden kann, sind unsere Brüder und Schwestern!

Unsere Empörung aber tut dennoch dringend Not, und sie entzündet sich zu Recht an den IMs oder an dem unerträglichen Untertanengeist, aber wir sind gefordert, den eigenen Resonanzboden für unsere Erregung zu kennen und zu bedenken. Ich meine damit nicht, daß wir uns allzuviel Sorge um das rechte Maß unserer Gefühle machen sollten, viel wichtiger ist es, sie zu zeigen und zu äußern. Aber es ist von Übel, daraus einen Feldzug zu machen oder eine Verfolgungsjagd oder auch nur mit beschwichtigender Mahnung eine (gefühllose) vernünftige Zurückhaltung einzuklagen, weil dann aus Resonanzaffekten, aus dem Urgrund eigener Verletzung die falschen Täter verfolgt würden oder die angebliche Vernunft und Diplomatie nur die eigene Betroffenheit weiterhin verbergen würde. Und solche »Vernunft« führt geradewegs ins Unheil, sie führt nach Rostock oder zu noch finstereren Exzessen. Wer sich gegen den Aufschrei Biermanns verwahrt, der will seine eigene Betroffenheit nicht wahrhaben, und ein solcher Mensch ist hochgradig gefährdet, und als potentieller Faschist, Stalinist oder Wohlstandsbürger für uns alle gefährlich.

Der Verrat, gegen den die Empörung und Entrüstung geschleudert wird, der Verrat, den die Spitzel als Partner, Freund und Kollege verübt haben, trifft eine Wunde in uns, die uns schon längst zugefügt war und die wir nur mühsam zugekleistert haben mit allerlei Eitelkeit und Firlefanz, und auch mit so manch echter stolzer Tat. Plötzlich ist sie wieder aufgerissen und blutet und tut ganz einfach nur weh. Ich kann den gesammelten Aufschrei aus Millionen Mündern so zusammenfassen: Vater und Mutter, euer Verrat wiegt schwer, als ihr nicht bei mir ward, als ich allein war und Angst hatte, als ihr meine Wünsche nicht erfüllen wolltet, weil ihr zu sehr mit euren eigenen Bedürfnissen beschäftigt ward, als ihr gar nicht zuhören und verstehen wolltet, weil ihr genug Sorgen hattet, als ihr mich mit meinen Fragen und Problemen allein ließet, weil so wichtige Sachen im Fernsehen gesendet wurden, als ihr mein Weinen und Schreien nicht aushalten wolltet und als euch wichtiger war, was die Nachbarn denken würden, als ihr mich Kindergärtnerinnen und Lehrern ausgeliefert habt, die mich ängstigten, einengten, bedrohten und auf eine verlogene Weltanschauung einschwörten — wo ward ihr, warum habt ihr nicht gestritten mit den Lehrern? Und als ihr mich zu den Ärzten gebracht habt und sagtet, es würde nicht weh tun und ich sollte tapfer sein, aber es tat sehr weh, und ich hatte nur Kummer, der mit Tabletten und Spritzen und Trennung von euch nicht kuriert werden konnte. Und warum habt ihr meine sexuelle Neugier bestraft und mir nicht gezeigt und vorgelebt, wie wichtig sexuelle Erfüllung im Leben ist, und später habt ihr uns zur Ehre des sozialistischen Vaterlandes um Medaillen rennen lassen, euch war es egal, wie wir mit Hormonen vollgestopft wurden, nur um den Klassenfeind zu schlagen, aber das hat euch gar nicht sonderlich interessiert, ihr brauchtet nur eure Ruhe und das Gefühl, daß wir zu »ordentlichen und tüchtigen Menschen« erzogen werden. Und ihr habt uns stillschweigend auf kriminelle Befehle gehorchen lassen, oder ist irgendwann mal eine Mutter hingegangen und hätte ihren Sohn von der Grenze nach Hause geprügelt und den Offizier verflucht?

Ja, ja, ich weiß, das war alles viel zu gefährlich und hätte schwere Strafe eingebracht. Ist Liebe stärker als Vernunft? Nein, sicher nicht — die Liebe scheitert bereits an der Brustentzündung, die leider das Stillen unmöglich machte oder an der notwendigen Arbeit (für den Trabi), so daß die Kinderkrippe notwendig war, oder am Nachttopf, der beweisen sollte, was für eine tüchtige Mutti ich doch habe, oder ... oder ... Ja, ich weiß, ihr habt alles nur aus Liebe getan, und uns sollte es mal besser gehen als euch, und ich war häufig ganz verwirrt, wenn ich eure Liebe in mir nicht wiederfand, das muß wohl an mir gelegen haben, ich bin schuld, verzeiht mir! — Und überhaupt: Ist die Welt nicht schlecht? So viele böse Spitzel!

Wer das Lieblose und Böse nicht zur Kenntnis nehmen will, das ihm angetan wurde, der muß Spitzel jagen oder Gewalt ausüben oder die Welt (die »Mutter Erde«) zerstören. Oder er zerstört sich selbst, um endlich zu vollenden, was seine ersten Lebenserfahrungen ihm vermittelt haben. Der Aufstand gegen die autoritären Strukturen, die Verurteilung der Unterdrücker und der Vorwurf gegenüber mangelnder Liebe sind nicht nur berechtigt, sondern geradezu erforderliche Schutzmaßnahmen, um nicht Schuldgefühlen zum Opfer zu fallen, die den notwendigen Verrat an den Mächtigen zur stellvertretenden Verfolgung der IMs, der Verräter, umlenken.

9. Komm mir nicht zu nahe!

Der Sündenbock im Dienst der Näheabwehr

Eine Welle der Entrüstung ging durch das Volk, als nun nicht mehr zu verbergen war, daß auch engste Freunde und Ehepartner die Beziehung zu entehren imstande sind. Hilflose Verunsicherung und Sprachlosigkeit für die Betroffenen, das gefundene Fressen für die Journaille! Endlich ging es auch in die Küchen und Betten, in die Familienidylle und privaten Gesprächsrunden der oppositionellen Prominenz. Nun war auch im Osten die Auflagenhöhe durch Skandalgeschichten gesichert – eben nur in der östlichen Variante, da wir halt noch keine Prominenz aus Adel und Kapital, keine Weltstars vorweisen können, deren Blähungen, Diäten und Fehltritte das Volk vom Sessel reißen würden. Die Stasi deckt auch dieses Defizit ab. Der Fall Wollenberger ist symptomatisch dafür. Der Ehemann von Vera Wollenberger, prominente Bürgerrechtlerin in der DDR und jetzt Mitglied des Deutschen Bundestages, war nun auch ein Spitzel.

Das Besondere an diesem »Fall« ist wohl die Tatsache, daß Verrat geübt werden kann, und nicht einmal die Ehefrau ahnt oder spürt etwas davon. Im Grunde genommen eine unfaßbare Kuriosität! Ein guter Grund, um über die Möglichkeiten und Machenschaften der Stasi zu staunen, und ein verwunderliches Ereignis mehr, mit dem an einer Stasi-Legende weitergestrickt werden kann. Oder doch nur ein ganz banales, allseits mögliches Beispiel für die durchschnittliche Beziehungslosigkeit oder Beziehungsstörung in Partnerschaften?

Die Prominenz der Beteiligten macht es leicht, die Legende von der »Krake« zu schüren und liefert einen Anlaß mehr, die allseits gewünschte Schuldverschiebung zu forcieren. Es fällt aber nicht schwer, in der Art und Weise, wie die Medien das Geschehen aufbereiten und viele Menschen darauf reagieren, den Sündenbock-Mechanismus zu erkennen, der in diesem Fall in den Dienst der Näheabwehr tritt.

Die traurige Ehe der Wollenbergers muß herhalten, um zwei wichtige Themen, die uns alle betreffen oder zumindestens angehen, nicht ernsthaft aufgreifen zu müssen. Es geht da einerseits um die Millionen konflikthaften, beziehungsentleerten und unglücklichen Ehen in Deutschland mit den kulturell-sozialen Hintergründen des fast unvermeidbaren Scheiterns. Und es geht um die Fragwürdigkeit von Protestbewegungen (wie in diesem Fall der »Friedensbewegung« der DDR, in der beide Wollenbergers aktiv tätig waren), solange nicht hinter allem Protest die wirkliche Motivation dem Einzelnen bewußt und in der Gruppe öffentlich gemacht werden kann. Ist der Zusammenschluß zu einer Protestbewegung Ausdruck eines unbewältigten inneren Problems, das auf äußere Ereignisse zielt, um die inneren nicht treffen zu müssen? Oder weiß man um die innersten Beweggründe und Antriebe, die aus der ganz persönlichen und frühen familiären Lebensgeschichte stammen, und können diese gefühlsmäßig (Haß, Schmerz) erfahren werden, um danach und frei von der alten Last um den notwendigen und gebotenen politischen Einfluß zu ringen?

Eine solche klare Trennung wird es zwar in der Lebenswirklichkeit nur ganz selten geben, dennoch halte ich es für sehr wichtig, sich die Konsequenzen daraus deutlich zu machen. Werden unbewußte Motive für politisches Handeln nicht aufgedeckt, ist die Gefahr sehr groß — sollte man mit den eigenen Ambitionen und Aktionen erfolgreich sein und damit zu Macht und Einfluß gelangen —, daß im weiteren Verlauf die dunklen Beweggründe die Führung übernehmen und die alten, verdammungswürdigen Strukturen, gegen die man ehemals angetreten war, sich dann im neuen Gewand wieder durchsetzen. Die andere Gefahr besteht in den aufreibenden Flügelkämpfen innerhalb der politischen Gruppierung, in Scheingefechten und Ersatzaffekten durch ideologisierten Streit und schließlich dann auch im wachsenden Mißtrauen, in Spaltungen und letztendlich im Verrat. Die Tragik liegt in der Vergeudung von Lebensenergie, die sich trotz edelster Ziele sinnlos verbrauchen muß, weil die innerseelische Verfassung gerade das Erreichen der verkündeten Ideale in dem Maße verhindern muß, wie darum gerungen wird. Denn die unbewußte Seele trägt die Sehnsucht und die schon erfahrene Enttäuschung in sich und wird diese Ambivalenz solange reinszenieren, bis schmerzhafte Bewußtheit zur Erlösung führt.

So werden die straff organisierten, letztlich hierarchisch strukturierten großen Parteien, die ja gerade das unbewußte Seelenmaterial unter Kontrolle bringen wollen und sich dennoch im politischen Programm oder in der real vollzogenen Politik davon unbewußt leiten lassen, stets den alternativen und basisdemokratischen Gruppierungen überlegen bleiben, weil die letzteren sich selber in Scheingefechten immer wieder neutralisieren. Es sei denn, sie könnten den »Schrei nach Liebe«, die »Empörung gegen inneren Mangel«, den »Geltungskampf und Profilierungsneid der Geschwisterrivalität um die Gunst der Eltern« unmittelbar erleiden, den sie ansonsten ausagieren müßten. In diesem Fall würden ihr Beispiel und ihre politischen Ziele für viele Menschen sehr attraktiv werden — allerdings nur wieder in der abhängigen Gefolgschaft. Und das würde bald alles wieder kaputtmachen.

Die Bewältigung des Gefühlsstaus kann also nicht abdelegiert werden und kann nur jeder einzelne für sich zustandebringen. Die »Grünen« waren als außerparlamentarische Alternativbewegung sehr wirksam, sie hatten noch einen gemeinsamen Gegner zur Ablenkung von sich selbst. In dem Moment, wo sie als parlamentarische Partei in die Pflicht genommen wurden, sich also nolens-volens den herrschenden Regeln unterwerfen und mit dem realen, aber vor allem auch phantasierten Feind an einem Tisch setzen mußten, konnte die unerlöste aggressive Energie nur wieder die eigenen Strukturen zerreiben. Solange Gefühlsstau herrscht, sind die Richtungen der ventilartigen Entladungen vorgegeben: Nach unten (das sind die Mächtigen und die Leistungsträger), nach oben (das sind die Oppositionellen und die Radikalen), nach außen gegen den Nächsten (das ist Ehestreit, Freundesverrat und Fremdenhaß) und gegen sich selbst (das sind die Kranken). Diesen Wegen entgeht nur, wer seinen Gefühlsstau auflöst, also fühlt, ohne zu agieren und zu kompensieren. Der Kampf gegen oben, unten, außen oder gegen sich selbst verschlingt Energien und schafft Distanz, er verhindert Nähe und Frieden als die gefährlichen Erfahrungen, die alle unerfüllten Sehnsüchte und damit alle Schmerzen der Entfremdung, Unterwerfung und Anpassung wiederbeleben würde.

Von den »reifen politischen Strukturen« zu träumen, ist aber auch nur ein schönes Gedankenspiel, so ganz ernst kann ich das gar nicht meinen, weil ich längst weiß, daß dies immer nur eine Fiktion bleiben muß und nicht Realität werden kann. So sind auch kompensierende Bemühungen zur Bewältigung innerer Entfremdung, notwendige oder zumindest nicht vermeidbare Handlungen. Doch bleibt die Grenze von mutiger, progressiver Tat zur neuen Schuld fließend, und der Wechsel von Schuldgefühlen, die zum Handeln antreiben, zur realen Schuld wird eine permanente Gefahr, und dies umso mehr, wenn das eigene Tun nicht reflektiert und psychologisch analysiert wird. So wird die Liebe Jesu durch das verwaltete

Christentum mehr erstickt als belebt und übrig bleibt die scheinbare Liebe, die abhängig macht und unser Leben mehr entfremdet hat als alle Schlagstöcke dieser Welt. So sind die großen Ideen des Kommunismus durch die Politbürokratie entehrt worden und aus der Friedenssehnsucht wurde strukturelle Gewalt, aus dem Wunsch nach Gleichheit Bonzentum und aus dem Willen zur Gerechtigkeit schamlose Unterwerfung. Es geht immer wieder darum, wie beste Ideale und große Werte durch menschliche Schwierigkeiten verraten werden. Gerade Frieden, Liebe, Freiheit, Gleichheit und Gerechtigkeit sind höchst wünschenswerte und begehrte Ideale und zwar deshalb, weil davon in der eigenen Kindheit nicht viel erfahren wurde und zu bekommen war. Dies ist der häufigste Antrieb, um später eine politische Gruppe zu organisieren, in eine Partei einzutreten oder sie zu gründen, in einer Religionsgemeinschaft oder Sekte oder in einer radikalen Gruppierung nach den Erfüllungen zu suchen, die niemals geschehen, nun aber erst recht nicht mehr zu erreichen sind. Da hilft auch nicht das strammste, fanatischste und kämpferischste Auftreten, und keine Medaille, kein Preis dieser Welt kann dieses Bedürfnis stillen. Aber es läßt sich gut vermarkten: Sekten, Psychoboom und Esoteriktrip, jetzt auch die »Kommitees für Gerechtigkeit«, aber natürlich auch die großen politischen Parteien und die Marktwirtschaft, die eine Meisterschaft darin entwickelt haben, die verborgenen inneren Bedürfnisse und die tiefe Sehnsucht nach wirklicher Nähe auf die dargebotenen fremden Interessen abzulenken.

Verrat aus innerer Verzweiflung

Der »Spiegel« Nr. 3/92 zitiert Knut Wollenbergers Äußerung: »Ich war nicht nur der Informant der Stasi in der Friedensbewegung, ich war auch der Informant der Friedensbewegung in der Stasi.« Nach diesem Spiegel-Bericht von Jürgen Leinemann ist Knut Wollenberger zu den »Bedürftigkeitstätern« und zu jenen tragischen Figuren zu rechnen, die ganz bewußt den Dialog mit der Stasi suchten, um etwas bewirken zu können, um Einfluß auf das große politische Geschehen nehmen zu wollen. Diese naive Grandiosität kann nur aus einer tiefen inneren Not gespeist werden, die ich mit dem »Mangelsyndrom« beschrieben habe und die mit illegaler Bedeutung auszugleichen versucht, was legal nicht zu bekommen war.

Spitzel bei der Stasi! — das wäre in der Tat eine großartige, mutige Leistung, das würde »die Friedensbewegung« sofort in den Rang erwachsener Klarheit erheben: also politisches Engagement als psychisch reife und notwendige Haltung und Leistung *nach* der Bewältigung der infantil-neurotischen Beweggründe und nicht statt dessen. Dann müßte es auch eine Struktur und Zielstellung gegeben haben, wie die Stasi ausgetrickst, getäuscht und »abgeschöpft« werden könnte. Der viel clevere, aber auch gefährlichere Stolpe sollte später so etwas ja tatsächlich noch behaupten: die angeblich konspirative Absprache unter Kirchenleuten, die ihr Vorgehen gegenüber der Stasi geplant und koordiniert haben wollen. Eine erstaunliche Behauptung von unserem letzten aufrechten Ossi — Manfred Superheld! — und »seinen« Brandenburgern, die unverbrüchlich zu ihm halten und ihm auch einen Rücktritt übelnehmen würden (... denn sie wissen nicht, was sie tun!...).

Durch Ibrahim Böhme wird das zentrale Thema *Komm mir nicht zu nahe!* bisher auf die schaurigste Weise Realität. Der allseits beliebte, der Superstar der Wende-Ereignisse, der als Spitzenkandidat der Ost-SPD auch unser Ministerpräsident hätte werden können (also der »Zwillingsbruder« von de Maizière — diese beiden waren unsere »demokratische« Alternative — laßt uns doch endlich begreifen, was mit uns los ist!) — dieser Ibrahim Böhme ist zugleich einer der infamsten Verräter. Die Spaltung seiner Persönlichkeit scheint perfekt zu sein und ist es doch nicht: Sein oppositionell-aufrührerischer Geist und der jämmerliche Verrat sind aus einem Guß, sie entspringen einer einzigen Quelle: der inneren Verzweiflung, die so umfassend ist, daß sie nur unter vollständiger Abspaltung der eigenen Lebensgeschichte und Aufgabe der eigenen Identität verarbeitet werden kann.

In dem empfehlenswerten Buch *Genosse Judas – die zwei Leben des Ibrahim Böhme* von Birgit Lahann wird uns das Unfaßbare erschreckend deutlich vorgeführt. Und im Grunde genommen ist die Geschichte so einfach, nur wollen wir sie nicht an uns heranlassen. Böhme führt uns nur in extremer Vergrößerung und Verzerrung vor, worin wir alle verstrickt sind. Er ist ein Heimkind, von den Eltern weiß er offenbar nicht viel oder will sich daran nicht erinnern, dann taucht irgendwie ein autoritärer Stiefvater auf, jedenfalls keine Familie, die seine zentralen Bedürfnisse hätte befriedigen können — sein Zuhause blieben das Heim, die Schule, das Internat. Allein ist er unglücklich, depressiv, er braucht Gesellschaft und überträgt den Elternbezug auf die Gemeinschaft.

Er zeigt schließlich alle gravierenden Symptome der Gefühls- und Näheabwehr: Immer Aktion, Dramatik, Theatralik, er inszeniert sein Leben, ein »Blender, Schaumschläger und Komödiant« — um praktisch seine innere Leere zu füllen. Reiner Kunze über Böhme: »Er ist anders als alle Spitzel in meiner Akte. Er hat sich eine Welt geschaffen mit lebendigen Menschen. Er wollte Gott sein.« Böhme zeigt eine deutliche Sehnsucht nach Autorität, Lenin sei für ihn ein väterliches Prinzip gewesen, und vor vielen Menschen hätte er Angst, er könne nur »gnädig volksverbunden« sein. Er braucht Macht und Einfluß über Menschen, er ist der »kleine Diktator« und braucht immer welche, die ihn bewundern und ihm ergeben sind — die verzweifelte innere Ohnmacht soll durch äußere Macht ausgeglichen werden. Und je höher einer in seiner Funktion aufsteigt, desto mehr sichert die Macht auch die menschliche Distanz.

Näheangst ist ein zentrales Thema seines Lebens. So sagt er selbst: »Nein, nein, ich mag nicht umarmt werden. Schrecklich finde ich das. Allzu große Nähe war mir nie angenehm.« So ist er auch zur Partnerschaft unfähig, wird als sexuell prüde und eigentlich als »Neutrum« empfunden, er flieht seine Geburtstage und kann über Persönliches nicht reden, als Vater entzieht er sich, und mit dem Verrat seiner Freunde schließt er mögliche Liebe und Nähe zuverlässig aus. Denn alle mögen ihn, bewundern ihn, vertrauen ihm, er gilt als charmant, geistreich, phantasievoll, klug, er ist hilfsbereit, gesellig, ein wunderbarer Erzähler, der in Geschichten schwelgt und Menschen begeistert. Alle diese hervorragenden Eigenschaften künden von der unvorstellbaren Energie, sich Liebe verdienen zu wollen, doch ist dies zugleich derart angstbesetzt, weil er wirkliche Liebe nie kennengelernt hat und die Gefahr einer wirklichen menschlichen Begegnung um jeden Preis gebannt werden muß. Und der entsprechende Weg dazu ist der eifrige, beflissene und wie die Akten offenbaren: auch überzogene Verrat.

Sein Leben ist Schauspielerei: Verstecken, Verstellen, Verschleiern, Bluffen, das Publikum beherrschen und konspirieren — alles Eigenschaften, die er zum Überleben braucht, weil es ja vor allem um die eigene unerträgliche Wahrheit geht, die umgedichtet werden muß. Und wenn es brenzlig wird, wenn er nicht mehr blenden und ausweichen kann, kippte er einfach um. Dies ist der gnadenvolle Rückzug, den Körper und Seele gewähren — die bewußtlose Ohnmacht –, wenn die schmerzvolle Verzweiflung trotz aller genialen Ausweichmanöver doch durchzubrechen droht. Erst die Enttarnung als Spitzel schenkte ihm offenbar durch die extreme äußere Not, durch den Verlust des kompletten Ersatzlebens und den Entzug des Publikums, die Fähigkeit zum Weinen wieder – den einzigen Weg, der Heilung bringen könnte, wenn er bis in die Tiefe der erfahrenen Lieblosigkeit, des Verlustes (der Eltern) und der Abweisung (ins Heim) beschritten werden könnte. Böhme wollte immer stark sein, ein »Durchsteher«, er wird ehrgeizig, politisch rigoros und konsequent genannt und wird auch als zwanghaft, pingelig, mit feinen Manieren beschrieben, was alles auf den »Panzer« der Ordnung und Erstarrung hindeutet, um das innere Chaos unter Kontrolle zu bringen.

Birgit Lahann bringt die Tragödie auf den Punkt. Sie schreibt in ihrem Buch: »Und ich denke: Böhme ist Zelig (eine Figur von Woody Allen). Denn Zelig ist der Jude, der von allen geliebt sein möchte, der sich anpaßt, der sich assimiliert, der alle Identitäten lebt, nur nicht seine eigene. Zelig wird schwarz, wenn er einem Neger begegnet, wird rot, wenn er mit einem Indianer spricht, wird gelb, wenn ihm ein Chinese über den Weg läuft, wird braun, wenn die Nazis jubeln. Wie Böhme. Auch sein Leben besteht aus fremden Identitäten. Als er Marx liest, wird er Marxist. Als er Lenin liest, kleidet er sich wie Lenin, lebt wie Lenin, redet Lenins Text und fällt um wie Lenin. Als er Reiner Kunze kennenlernt, fängt er an zu dichten. Als er Robert Havemanns radikale Wandlung vom Stalinisten zum Bürgerrechtler begreift, macht er dessen Ideen zu den seinen. Als die Leute der Staatssicherheit ihm erklären, daß Havemann ein Staatsfeind sei, verrät er ihn. Als seine Freunde aus Greitz Jazz spielen, liebt auch er den Jazz, den er eigentlich haßt. Als er mit Ulrike Poppe im ›Cafe Kisch‹ sitzt, um einen Protestbrief an Gorbatschow zu übergeben, ist er ein Oppositioneller. Und am Abend, wenn er seinem Führungsoffizier ins Tonband spricht, ist er ein Denunziant. Ibrahim Böhme lebt in fremden Bildern, in fremden Personen. Er ist ein Chamäleon. Er hat sein Leben geborgt, hat sich Rollen gesucht, hat nur gespielt, und bei jedem Auftritt hat er sich verausgabt.«

Ich stelle den »Fall Böhme« so ausführlich dar, weil er exemplarisch auf die tiefgreifende Pathologie unserer Zeit hinweist: Da ist die schwere frühe lebensgeschichtliche Deprivation mit tiefster Verzweiflung, die zu Eigenschaften und sozialen Verhaltensweisen führt, die in unserer Gesellschaft höchste Anerkennung und Ehre,

Macht und Einfluß fast zwangsläufig erobern. Die unmoralische Funktion der Stasi, die Naivität der Opposition, die Verlogenheit der Demokratie, die Oberflächlichkeit der besten Beziehungen finden sich verbunden im finsteren Interesse der absoluten Verhinderung von Nähe und Liebe – dies ist letztlich der Sumpf, auf dem unsere Kultur sich noch verzweifelt halten will.

Das Elend der Ehen

Das andere abgewehrte Thema, Ehe und Partnerschaft, ist offensichtlich nur von Interesse, wenn dazu etwas über Prominente ausgesagt werden kann. Das füllt Gazetten und macht Schlagzeilen: Hochzeit, Geburt, Konflikte und Scheidung, Untreue, Glück und Unglück lassen sich so gut anderswo kommentieren, um für die eigenen Schwierigkeiten einen energetischen Abfluß zu finden. Aber es ist offensichtlich kein Thema, wenn fast jede zweite oder dritte Ehe in Deutschland geschieden wird und immer mehr Menschen lieber als Single leben. Man könnte ja noch halbwegs beruhigt sein, wenn nach einer gescheiterten Partnerschaft dann wenigstens in der zweiten Ehe die ersehnte befriedigende Ergänzung und Erfüllung gelingen würde, aber häufiger finden sich die Unglücklichen sehr bald in den gleichen Konflikten wieder, die sie eben mühevoll verlassen hatten und nur allzu gern auch überwunden glaubten. Auch hierbei läßt sich das Problem der vergleichbaren gestörten Tiefenstrukturen bei eventuell völlig verschiedenem »Outfit« demonstrieren.

Das Grundproblem der scheiternden Beziehungen liegt in der illusionären Erwartung, daß der Partner oder die Partnerin endlich all das bereithält und erfüllt, was die Eltern versäumt haben. Und um die Verwirrung komplett zu machen, wird mit großer Sicherheit ein neuer Beziehungspartner erwählt, der garantiert, daß es ähnlich enttäuschend wie bei den Eltern wird. So werden die Sehnsucht und die Hoffnung auf den anderen projiziert und zugleich alles dafür getan, daß sie nicht erfüllt werden. So bleibt abermals das seelische Kontinuum gesichert und Entwicklungen und Veränderungen können vermieden werden, wie auch bei eventueller Erfüllung sehnlichster Wünsche immer erst Labilisierung, Ängstigung und Verunsicherung auftreten und zum erkennenden Blick auf die ehemals prägenden Verhältnisse nötigen würden. Und was es dann wirklich zu sehen gibt, ist unerträgliches Leiden.

Hat man endlich das Alter erreicht, wo es möglich wird, aus dem lieblos-unbefriedigenden oder auch aus dem scheinbar liebevollen, aber in Wirklichkeit mißbräuchlichen familiären Ghetto zu entfliehen, dann werden mit Hilfe der erwachenden sexuellen Energien angstbindende Verliebtheiten beflügelt und für kurze Zeit scheint sich ein Paradies der Erfüllung zu öffnen bis bei abflauender sexueller Neugier und Spannung im gegenseitigen Belauern die Enttäuschung wächst, daß man doch nicht so geliebt wird, wie man es sich erwünscht hatte. Jeder möchte vom anderen gleichermaßen geliebt werden und bietet sich dafür in der kindlichen Pose an: entweder hilflos, unglücklich-leidend oder nörgelnd, quengelig, trotzig-gereizt, um aus dem Partner als quasi Mutter- oder Vater-Ersatz die Verhaltensweisen herauszuquetschen, die man als Kind zur Bedürfnisbefriedigung so dringend gebraucht hätte. Inzwischen ist man aber erwachsen und wird schon wieder schuldig, weil die erforderlichen Eigenschaften des Erwachsenenlebens: Eigenständigkeit, Verantwortung, unverzerrte Wahrnehmung und klare Entscheidungsfähigkeit nicht erfüllt werden, und im unbewußten Ringen, wer von den Partnern für den anderen mehr Papa oder Mama sein könnte, wird die so hoffnungsvoll begonnene Beziehung allmählich vergiftet und zerstört. So zerreiben sich unzählige Ehen im Wettkampf um die nachträgliche Erfüllung infantiler Wünsche oder sie pegeln sich auf fixierende Mutter-Sohn- oder Vater-Tochter-Verhältnisse ein, was schließlich eine partnerschaftliche Begegnung unmöglich macht. Enttäuschungen, gegenseitige Vorwürfe und psychischer Terror beherrschen dann, was als Liebe, gegenseitiges Einfühlen und Ergänzen gedacht war.

Dies alles ist aber das verhängnisvolle Ergebnis einer autoritär-leistungsorientierten Kultur, die zwangsläufig Kinder zu Objekten der »Erziehung« machen muß, ihre Entfremdung befördert und sie im großen Stil unbefriedigt läßt, so daß die eben geschilderte Unreife und Unfähigkeit zu wirklichen partnerschaftlichen Beziehungen notwendige Folge werden muß. Diese Strukturen behindern eine wesentliche Quelle unserer Lebensfreude, wie sie durch freie Partnerschaften ständig belebend wirken könnte. Wir werden praktisch in einem Zustand aufeinander losgelassen, in dem wir kraft der aufgestauten Enttäuschungen und Schmerzen uns eher wie ausgehungerte Raubtiere begegnen, die leise lauernd oder angriffslustig den so nötigen Lebenspartner zu zerreißen drohen, anstatt mit ihm oder ihr verschmelzende Ganzheit wie auch individuelle Einzigartigkeit zu erleben und im Kampf gegen unvermeidliches Unglück wechselseitig stützend zueinander zu stehen.

Näheangst

Dies ist ein großes Thema unserer Zeit. Die meisten Beziehungen werden so gestaltet, daß wirkliche Nähe nicht mehr passieren kann. Dazu werden eine Vielzahl von Möglichkeiten gepflegt, um sich ständig auf Distanz zu halten: Arbeitssucht, Streß, Kinder, Krankheit, Beschwerden und Symptome, Streit, Alkohol, die kleinen Sticheleien, Verletzungen, Kränkungen, Beleidigungen, Vorwürfe und Enttäuschungen des Alltags, Untreue, sexuelle Unstimmigkeiten, Eltern- und Schwiegereltern-Krach, Hausbau, Schulden, Dienstreisen, Trennung zwischen Arbeits- und Wohnort und anderes mehr. Es läßt sich praktisch in fast jeder Familie studieren, was von den einzelnen Mitgliedern jeweils Distanzierendes unbewußt inszeniert wird, wenn Nähe droht. Die einfache Erklärung für dieses paradoxe Verhalten ist schon bekannt und deshalb schnell erzählt: Würde wirkliche Nähe geschehen, was jeder Mensch natürlich zutiefst wünscht, wäre man zwangsläufig an das schmerzhafte Defizit aus der Vergangenheit erinnert, das besonders in der frühen Lebensgeschichte lebensbedrohlich empfunden werden mußte. Nachdem dies mühsam überstanden wurde, möchte man jetzt nichts mehr davon spüren, also wird lieber die tragische Enttäuschung, in der man sich ja bereits auskennt, wiederholt und damit fortgeführt. Was aber ist mit »Nähe« wirklich gemeint? Am häufigsten werden darunter wohl Zärtlichkeiten, sexuelle Kontakte und eine Vertrautheit im Umgang miteinander verstanden. Das darf wohl auch dazu gerechnet werden, obwohl Sexualität gar nicht so selten auch ohne »Nähe« praktiziert wird und Vertrautheit häufig nichts anderes als Gewöhnung meint.

Man muß also schon etwas genauer hinsehen, wenn von einem »guten« Verhältnis gesprochen wird. »Wir verstehen uns prächtig«, »wir kommen gut miteinander aus« – sagt noch nicht unbedingt etwas über wirkliche Nähe aus. Nähe ist nicht »für den anderen dasein«, sondern miteinander sein, jeder für sich und in der Offenheit auch gemeinsam. In einer Therapiegruppe stellt sich das größte Maß an Nähe her, wenn jeder nur noch von sich spricht und sich alle dadurch verbunden fühlen, daß sie gemeinsam ein wesentliches

Thema ausgestalten. Es geht dann nicht mehr um den anderen, dem zugehört wird, den man verstehen will oder soll, und der befragt und bestätigt oder auch kritisiert wird, sondern es geht darum, sich selber immer besser, tiefer und umfassender zu verstehen, und um das Ringen um die eigene Identität, das Suchen nach dem individuellen Weg mit aller Unsicherheit, Not und Schuld in einer offenbarten Innenschau, das schafft die eigentliche menschliche Nähe und Verbundenheit. Es ist also das konsequente Von-sich-Sprechen in authentischer Betroffenheit, ohne noch über jemand anderen oder über etwas zu reden. Nicht gemeint ist damit die narzißtische Selbstdarstellung oder das Ich-Gerede in der sozialen Maske von Erfolg oder Leiden im Sinne von: »Was ich wieder Tolles erlebt habe« oder »Wie ich mich doch bemüht habe« oder »Wie ungerecht ich doch behandelt werde« oder »Was ich alles leiden muß« — so stellen sich z.B. typische West- oder Ost-Neurotiker vor, das hat mit authentischen Mitteilungen nichts zu tun. Nähe wird dort möglich, wo ich mich ganz unverstellt zeige, und der echte Gefühlsausdruck unweigerlich im Nachbarn Resonanz bewirkt. Und genau das kann für diesen zum Problem werden, wenn er vor sich selbst nicht offen sein kann. Dann wird auch Angst ausgelöst und die Mechanismen der Näheabwehr müssen in den Dienst treten.

Nähe ist also miteinander Weinen und Lachen, Schmerzen und Fluchen, miteinander Lust erleben, sich nicht mehr verstellen müssen, nichts mehr verbergen und zurückhalten müssen, nicht mehr auf der Hut sein müssen, keine Angst mehr voreinander zu haben, und alles, so wie es ist, einfach strömen lassen zu können. Ein ausgesprochen seltenes Ereignis in unserer Kultur!

Die traurige Ehegeschichte der Wollenbergers ist ein Abbild unserer aller Beziehungsstörungen, die den Verrat solange ermöglichen oder sogar befördern, solange wir durch Eltern und Schule, Kirche und Staat nicht besser in das Leben eingeführt oder, richtiger gesagt, in unseren schon längst vorhandenen Entwicklungsmöglichkeiten freigelassen und befördert statt behindert und eingeschüchtert werden.

Die unheimliche Verbundenheit von Macht und Opposition

In meinen Therapiegruppen versammeln sich im Moment häufiger die erwachsenen Kinder von ehemaligen Größen aus Partei- und

Staatsapparat und aus oppositionellen Familien, die auf eine makabre Weise miteinander in ihrem Schicksal verbunden sind. Die krankmachenden, Leiden schaffenden Strukturen und Vorgänge sind in beiden »Lagern« vergleichbar, wenn nicht sogar identisch. Auf der einen Seite opferten in der Regel die Väter ihre Lebensenergie für Frieden und Sozialismus, sie waren ständig unterwegs in Sitzungen, Versammlungen und bei operativen Maßnahmen. Sie ließen sich in immer neue Verantwortung »wählen«: vom Parteiamt bis hinab zum Laubenpieperverein, sie waren engagiert, hielten große Reden und konnten wie aus einer nie versiegenden Quelle bedeutende Parolen sprudeln lassen. Zu Hause aber waren sie typische »Pantoffelhelden«, mit nörgelnden und gereizten Migräne-Frauen, häufigem Streit und mit Spannung, Lieblosigkeit, geflohener Zärtlichkeit, verlorener Erotik und ausgetrockneter Sexualität.

Ist das traurige Familienleben, das man sich unschwer vorstellen kann, nur das Ergebnis eines unerschöpflich-notwendigen politischen Engagements für eine bessere Zukunft, oder ist die Unfähigkeit, herzliche Beziehungen zu gestalten, die Fliehkraft in eine harte und undankbare Welt, in der Last und Enttäuschung das fortgesetzte Kontinuum für die frühen einschlägigen Erfahrungen und somit für den wirklichen inneren Zustand sind? Im letzteren Fall muß natürlich der fanatische Kampf um ein besseres Leben mißraten und aus ehemaligen Opfern gefährliche Täter machen.

Auf der anderen Seite das oppositionelle Gedankengut von Gerechtigkeit, Menschenrechten, Feminismus, Pazifismus, sozialer Gemeinschaft, gesunder Ernährung und Schutz der Umwelt. Überdurchschnittlich stammen die »Kämpfer« an dieser Front aus Pfarrersfamilien, die davon zu berichten wissen, wie sonntäglich von Woche zu Woche der Vater auf die Kanzel stieg und mit seinen verstehenden und tröstenden Worten begeistern konnte, der immer für alle da war, Tag und Nacht eine offene Tür hatte, und das Haus war stets voll von Besuchern, Gästen und diskutierenden, singenden und betenden Gruppen – nur für die Kinder blieb da nicht viel: lediglich eine unverständliche Kluft zwischen Verkündigung, fröhlich-zuversichtlicher Maske für die Gemeinde und dem, was die Kinder persönlich erlebten. Für sie fehlte es an Zeit, und da war die sanfte, aber unbarmherzige Autorität, die von ihnen dienende Zurückhaltung, Harmonie und schöngeistige Beschäftigung erzwang, die aber Kraft der Persönlichkeit, belebenden Streit und lustvolle Sexualität aus dem Familienleben ausschloß.

Die verbindende Erfahrung der heute Leidtragenden aus kommunistischer und oppositioneller oder religiöser Erziehung ist das umfassende Engagement ihrer Eltern für hohe Werte und wichtige Angelegenheiten, die sich dafür vielfache Anerkennungen erworben haben, nur eben von unterschiedlichen Herren, dafür häufig auch enorme Belastungen und Gefahren auf sich genommen haben, aber für die Kinder war von diesen positiven Seiten nichts wirklich erlebbar, eher das genaue Gegenteil. Wie kann ein Kind mit solch einer zwiespältigen Erfahrung fertig werden? Die Väter und Mütter sind Übereltern, da sie mit dem Kommunismus oder Gott in direkter Verbindung zu stehen scheinen. Solche, für ein Kind unlösbaren Konflikte, werden in der Regel über Krankheiten, Unfälle und Verhaltensstörungen bis hin zum sozialen Ausstieg zu bewältigen versucht. Aber wir wissen es schon, dann tun die Ärzte, die Psychologen, die Lehrer und Polizisten ihre Pflicht, um die tiefere Erkenntnis der wirklichen Zusammenhänge zu verschleiern. Verbindend ist also das hohe soziale und politische öffentliche Engagement, das gerade wegen der Unfähigkeit der Eltern, dies auch zu leben, als Programm oder Predigt verkündigt wird. Daß einer diesem und der andere jenem Herrn dabei dient, ist mehr dem Zufall der Geburt und der Beeinflußung zuzurechnen als wirklicher Überzeugung. Am »Wendehals-Syndrom« läßt sich der unschwere Wechsel des Herren nahezu life beobachten. Gruselig der Gedanke, daß allein oppositionelles Verhalten von ehemals hinreichend legitimieren soll, neue Machtfunktionen zu übernehmen. So kommt der soeben ausgetriebene Teufel als Belzebub nahezu unbeschwert wieder zurück.

Statt unsere schuldverschiebende Sensationsgier an den unglücklichen Spitzeln der oppositionellen Gruppierungen auszuleben, sollten wir uns mit den Bedingungen befassen, die die Strukturen der Macht und der Opposition, der Herrschenden und der Alternativen, des real existierenden Sozialismus, des Christentums und der Marktwirtschaft beherrschen und die Menschen zu vergleichbarer trauriger Entfremdung nötigen. Wir starren zutiefst erschrocken auf die Täter und können es nicht fassen und sehen doch in ihnen vor allem die frühe an uns selbst begangene Schuld, ohne sie wirklich erkennen zu wollen; sie spiegeln uns das eigene Innenleben, das wir gerade noch unter Kontrolle halten konnten, was den sogenannten Tätern aber nicht mehr gelang dank der raffinierten Zugaben ihrer Verführungsoffiziere.

[illegible]

[illegible]

10. Das Robin-Hood-Syndrom

Die Diskussion um Manfred Stolpes umstrittene Kontakte zu dem ehemaligen Machtapparat steht seit Monaten unangefochten an der Spitze der medienwirksamen Erregungen und Verdächtigungen. Ein verwirrendes Hin und Her von immer wieder neuen verdächtigen Fakten, Zweifeln, nachgeschobenen Erklärungen und durchaus auch glaubhaften Begründungen schafft genau das Reizklima, das alle beschäftigt, aber nichts klärt und niemandem hilft. »Verdrängungskultur« könnte man dafür sagen, eine Informationslage, die zur Schuldverschiebung nahezu einlädt. Und schließlich geht es ja nicht nur um irgend jemanden oder irgend etwas, sondern mit Manfred Stolpe steht nicht nur ein Ministerpräsident im vereinten Deutschland, sondern vor allem auch »der letzte Ostdeutsche« auf dem Prüfstand, der die Ehre der »Ossis« für eigene Kompetenzen gegen die unaufhaltsame Dominanz westdeutscher Macht in allen gesellschaftlichen Bereichen zu bewahren weiß, der auch gegen den peinlichen CDU-Erfolg wenigstens noch eine Partei vertritt, die sich nicht durch die unkritische Übernahme von »Blockflöten« desavouiert hat und zeigen kann, daß in seinem Land sozialere Prioritäten gesetzt werden, und es wird mit ihm vor allem der sensibelste wie fragwürdigste Komplex der vergangenen DDR-Geschichte berührt: die Rolle der evangelischen »Kirche im Sozialismus«.

Also Hintergründe genug, um Energien für ein Kesseltreiben in Gang zu bringen und zu halten, umfassende Schuldprobleme auf einen einzigen Mann zu konzentrieren, der in seiner machtverliebten Eitelkeit nicht die Größe hat, ja vermutlich mangelt es ihm bei allen herausragenden Eigenschaften gerade an dieser Erkenntnisfähigkeit, aus der Schußlinie zu gehen, um Schuldprojektionen vermeiden zu helfen und den so dringend gebotenen umfassenden Erkenntnisprozeß in Gang zu bringen. Nein, er stürzt sich »heldenhaft« in den Kugelhagel, glaubt gerade darin Tapferkeit, Stärke und Redlichkeit beweisen zu können, was aber erst recht seine verwundbare Stelle anzeigt, wie bei Siegfried das Lindenblatt.

Und Stolpe, der Meister der diplomatischen Masken, des Versteckspieles, der zu sich selbst gerne in der dritten Person spricht — soweit kann er zu sich selbst auf Distanz gehen —, dieser Mann bringt eine einmalige Nummer zustande: Er, der Verdächtige und Belastete, der Gejagte, der Sündenbock der mächtigen Medien kann den Spieß sogar umdrehen und an seine Verfolger die Schuld zurückgeben.

Ich hörte Erich Loest in einem Interview sinngemäß zum Fall Stolpe sagen: Wenn ehemals in Österreich-Ungarn in der fernen Provinz ein Zug entgleiste, ist der Verkehrsminister in Wien zurückgetreten. Inzwischen haben wir tatsächlich eine völlig andere Welt. Die politische Moral wird an der Flexibilität der Anpassung an die jeweiligen Bedingungen der Macht gemessen: Wer sich am längsten hält ist Sieger. Im Kampf um die Macht wird offenbar die Fähigkeit zur beliebigen Anbiederung »herausgemendelt« — die Kontinuität der Verstellung und die Funktionalität der Beliebigkeit als die hohe Schule, die verlorene wirkliche Identität zu ersetzen. Selbst der sonst so klare Denker Friedrich Schorlemmer verliert mit seinem Votum, daß Stolpe als »verlängerter Arm des Widerstandes« zu verstehen sei, die sichere Basis seines Urteils. Ist es der Parteifreund oder die gemeinsame kirchliche Heimstatt, die in der Lage sind, solche Verwirrung zu stiften? Was für Kräfte sind da im Spiel, wenn eine riesige Last von Indizien nicht den Rückzug erzwingt, sondern den Angriff beflügelt. Da kämpft einer nachträglich um seine schon längst verlorene Ehre, da wird die elastische Gummi-Identität zur Überlebensstrategie eines schon längst entschiedenen Kampfes. Und den Leuten gefällt es: endlich einer, der bravourös vormacht, wie man Schuld lässig abschüttelt. Das möchten alle können, denn Schuld ist wahrlich genug. Es ist die Eleganz des Toreros, das einstudierte Geschick der waghalsigen Abwendung tödlicher Gefahr, die das Volk jubeln läßt. Es wird die verführerische Dramaturgie für die inszenierte Illusion gefeiert, wir könnten unser Schicksal wenden. Stolpe ist die Inkarnation der Schuldabwehr — der extreme Gegensatz zu Jesus Christus.

Mit meinen eigenen Projektionen sehe ich Stolpe als den Prototyp des »Karrieretäters«, für den Macht und Einfluß die innere Ohnmacht und Bedeutungslosigkeit verdecken und Diplomatie sowie das Engagement für menschliche Erleichterungen die eigene Sehnsucht nach ebensolcher Behandlung zum Ausdruck bringen sollen. Kein Wunder also, daß er von allen Seiten mit Ehrenerklärungen geschützt werden soll, weil er in seiner Art verkörpert, was sich über Willy Brandt, Helmut Schmidt, Björn Engholm, Otto Graf Lambsdorff, Hans Dietrich Genscher und viele andere, die Dank und Anerkennung aussprechen, Vertrauen bekunden und Integrität bescheinigen, in ähnlicher Weise aussagen ließe. Diese Männer haben auch die westliche »deutsche Ostpolitik« zu verantworten, und sie haben in ähnlicher Weise wie Stolpe mit der SED-Macht gekungelt, dabei diplomatisch geheuchelt und insofern fragwürdige Entscheidungen und Absprachen getroffen, weil sie nach pragmatischer Tagespolitik und weniger nach moralischen Kriterien, weil sie auch aus persönlichen und parteipolitischen Machtinteressen, ohne die unbewußten Motive ihres Handelns zu erkennen und zu offenbaren, gehandelt haben.

Ich sagte schon: Einer wie Stolpe mußte gar nicht erst ein IM werden, um ein IM zu sein. Seine und damit auch der Kirche machterhaltende Interessenlage entspricht haargenau dem Hauptinteresse der Staatssicherheit: Ruhe und Ordnung im Land, Disziplin und Gehorsam, Anerkennung der Obrigkeit und schnelle Beruhigung von Spannungen und Konflikten. Unruhestifter müssen isoliert und unter Kontrolle gebracht werden, keine destabilisierende Macht von unten!

Der Streit um Manfred Stolpe ist zu einem narrenden Hin und Her, zu einem peinlichen Pro und Kontra, zu einem bloßen Entweder-Oder verkommen. Für die in den Vordergrund gestellten Fragen, hat er mehr geholfen oder geschadet, war er mehr ein Mann der Kirche oder der Stasi, ein Opportunist und Verräter oder ein Mann des raffinierten und geschickten Widerstandes, werden sich immer wieder solche und solche Argumente finden lassen, das Zünglein an der Waage wird nicht zur Ruhe kommen. Vor einer persönlichen Position zu diesem DDR-typischen Grenzfall zwischen Pragmatik und Moral sollte nicht gekniffen werden, und für mich ist die aus den Dokumenten erkennbare Verhandlungstaktik Stolpes, die Art und Weise pragmatischer Diplomatie und konspirativer Bereitschaft der Geist der berechnenden und gefühlsblockierten Macht, von der ich weder im Staate regiert noch in der Kirche verwaltet noch mit ihr persönlich befreundet sein möchte.

Von einer bestimmten Perspektive her läßt sich natürlich auch sagen, daß durch Stolpes Wirken die Kirche geschützt und menschliche Erleichterungen erreicht worden wären, aber was bleibt dabei noch von dieser Kirche und den Menschen übrig? Es ist eine Hilfe, die entwürdigt und entehrt, die konspirativ ausbaldowert und ausgeschachert wird, die Menschen in Not zu Objekten »höherer« Interessen und unveräußerliche Ideale zu Strategien kurzlebigen politischen Kalküls herabwürdigen. Es ist die Moral des Judas, die da wirkt.

Im Grunde genommen hat aber das Zwielicht, in das Stolpe geraten ist, genau den Helligkeitsgrad, der für die Politik der DDR-Kirchen wie auch für die fragwürdige real existierende Demokratie kennzeichnend ist. Es verbirgt mehr als es ehrlich und deutlich zu erkennen gibt, es verdunkelt und verschleiert und kommt damit allen düsteren Interessen entgegen: der seelischen Not eines Mannes, der schmutzigen Verstrickung einer Kirche, der Schuld vieler Menschen, ihrer Irreführung und dem Betrug an ihnen und natürlich den Interessen derer, die Macht zur Droge als Ersatz für lebendiges Leben gemacht haben. Stolpe und der Streit um ihn bieten uns aber auch eine Chance, Mechanismen zu verstehen und Strukturen zu erkennen, die wir schon längst in uns tragen und die unser Leben bestimmt haben und weiterhin bestimmen werden, gegen die wir uns aber wehren und verweigern sollten, wenn wir wirklich leben und nicht nur gehorchen, konsumieren oder abwarten wollen, ob uns ein Stück von dem eh schon verdorbenen Kuchen zugeworfen wird oder eben auch nicht.

Stolpe verkörpert als Ministerpräsident auch die neue Macht, die mit Gies, Duchacz und Gomolka längst schon ihre Glaubwürdigkeit wieder verloren hat — und das ist gut so, um die allzu große Abhängigkeit und Autoritätsgläubigkeit von uns Menschen im Osten nachhaltig zu erschüttern: So gesehen, kann es gar nicht genug Affären und Skandale geben, bis endlich deutlich wird, wie tief die »politische Klasse« herabgesunken ist, symptomatisch für eine »Endzeit« oder »Wendezeit«. Wir tun gut daran, den Politikern nicht mehr zuviel zu vertrauen, um für die kommenden globalen Konflikte, überhaupt noch eigene Verhaltensstrategien entwickeln zu können, die wir alle als völlig neue Möglichkeiten brauchen werden und die uns keine Regierung und keine Bürokratie mehr abnehmen oder anempfehlen kann. Wir verwickeln uns entweder geordnet in eine neue riesige Katastrophe oder wir akzeptieren eine notwendige Unordnung in unseren Seelen, die uns Zugang zu unserem schuldigen Verhalten und pervertierten Lebensstil ermöglicht.

Hier wird auch das umfassende Versagen der Kirchen erkennbar, die ihre moralische Führungskraft gerade dadurch verspielt, daß sie für die Fragen dieser Zeit keine glaubwürdigen Antworten, ja nicht einmal überzeugende Haltungen vorzuweisen hat. Ganz im Gegensatz wird die katholische Position mit der ablehnenden und verurteilenden Haltung gegenüber Schwangerschaftsverhütung und

Schwangerschaftsabbruch angesichts einer rasanten Bevölkerungsexplosion und Aids-Pandemie zur größten Gefahr für unser aller Leben und Überleben – wir müssen eine nahezu verbrecherische Manipulation von Millionen Menschen zur Kenntnis nehmen, die uns zwingend zur Entrüstung aufruft. Und die evangelischen Kirchen sind, wie im Osten Deutschlands leider erkannt werden muß, so sehr in den Sumpf der Macht verstrickt, daß sie unübersehbaren Schaden für die von ihr verwalteten höchsten Werte: Liebe, mitmenschliche Nähe und Solidarität, Wahrheit und Gerechtigkeit zu verantworten hat.

Stolpe, bezeichnenderweise kein Theologe, aber wohl ehemals der mächtigste unter den Kirchenleuten in der DDR, sollte wissen, daß er durch sich eben auch die gültigen Kirchenstrukturen bloßlegt. Entweder ist die Kirche einem »Wolf im Schafspelz« aufgesessen und muß auf Distanz gehen, oder aber sie stellt sich selber bloß, indem sie zu erkennen gibt, daß sie sowohl in »Drecksarbeit« verwickelt war, für die sie halt ihre geeigneten Leuten brauchte. Dann aber muß deutlich gemacht werden, daß IMs in der Kirche nach dem kirchlichen Selbstverständnis gewollte und notwendige, zumindestens aber still geduldete, auf jeden Fall aber eine normale Situation waren, die für die Aufteilung der Macht zwischen Staat und Kirche notwendig wurden. Es schmerzt mich, dies annehmen zu müssen, und mir bleibt nur der Trost, daß »Kirche« eben nur das dynamische Parallelogramm der in ihr versammelten Kräfte ist, um der Tatsache ins Auge sehen zu können, daß die »Kirche im Sozialismus« eine bedeutende Ordnungsfunktion innehatte, die alle denkbaren Varianten oppositionellen und alternativen Denkens und Handelns im wesentlichen unter ihre Dächer versammelt und dort der bestmöglichen Observation zugeführt und durch moralischen Einfluß diszipliniert und depotenziert hat.

Dies ist ein Teil von Kirchengeschichte, die sonst noch wesentlich schlimmere Schandtaten aufzuweisen hat, und dennoch muß die Frage gestellt werden, welche Motive und Kräfte in einer christlichen Kirche heute auch nach »weltlichem« Einfluß streben lassen, denn die größere Zahl derjenigen, die zu DDR-Zeiten kirchlichen Schutzraum nutzten, taten dies in keiner Weise aus religiösen und spirituellen Bedürfnissen. Auch sie trifft Schuld, weil sie zu bequem und gutgläubig angebotenen Freiraum einfach nur annahmen, statt sich diesen selber zu schaffen, was für psychische und politische Reife und Unabhängigkeit von immenser Bedeutung gewesen wäre. In der Kirche aber sollte verlorengegangene spirituelle Kraft durch »alternative« Werte ersetzt werden und mit der Ideologisierung der christlichen Haltung, für alle Beladenen und Belasteten da zu sein, konnte die eigene Schwäche gut bemäntelt werden. Natürlich lebt Kirche vor allem von den Menschen, die sich in ihr versammeln und sie verwalten, und auf sie muß unser kritischer Blick zuerst fallen und die Gefahr erkennen, die ähnlich wie in der SED, durch autoritäre Strukturen genau das zunichte machen, was sie befördern wollten.

Lassen wir uns also nicht von Stolpe blenden, sondern schauen wir auf die Hintergründe und Zusammenhänge, die er immer weniger verdecken kann. Es bleibt in allem die beklemmende Erkenntnis, daß der ausgesprochen zwielichtige Hintergrund keine angemessenen politischen Konsequenzen zur Folge hat, sondern nahezu von allen Seiten Vertrauens- und Ehrenerklärungen provoziert. Dadurch aber wird das Zweifelhafte nicht geklärt und das Befleckte nicht rein gewaschen. Wir werden höchstens aufmerksam gemacht auf ein Interessengemenge, das in der Person Stolpes nur kulminiert. Wir können allmählich die dunklen Drähte der Machtinteressen von Kirchenpolitik, westdeutscher Ostpolitik und Parteienkampf erkennen und haben erneut einen umfassenden gesellschaftlichen Skandal vor Augen, wenn uns Wahrheit, Offenheit und Redlichkeit noch etwas gelten sollten.

Wir müssen zur Kenntnis nehmen, daß gerade diese Eigenschaften in den großen Parteien, bei den meisten Politikern und Kirchenfunktionären nicht mehr anzutreffen sind. Wir müssen auch erkennen, wie leichtfertig Metaphern angenommen werden, ohne nach der tiefen Dimension ihrer Bedeutung zu forschen, und daß wir uns meistens nicht mehr der mühevollen Überprüfung ganz persönlicher und konkreter Positionen unterziehen, sondern im blinden und schuldhaften Vertrauen, die Geschäfte denen da oben überlassen. Wir dürfen uns nicht mehr mit Verkürzungen wie »Kirche im Sozialismus«, »Wandel durch Annäherung« oder »Aufschwung Ost« zufrieden geben. Solche Schlagworte dienen eher den Verantwortlichen zur Selbstberuhigung, denn Machtpolitik wird aus subjektiver seelischer Bedürftigkeit gespeist, die aber unbedingt verdeckt bleiben soll, so daß positive Ziele und optimistische Benennungen das schlechte Gewissen und die latente Angst beschwichtigen sollen, und mit solchen Formulierungen soll natürlich auch die Volksmeinung manipuliert werden. Man wirft einen Knochen hin, an dem genagt werden kann, der aber nichts mehr wirklich hergibt. Im Grunde genommen ist immer wieder ganz genau zu fragen: Was ist damit konkret gemeint? Was bedeutet dies ganz persönlich für mein Leben, hier und jetzt? Welche sehr persönlichen Interessen und Motive hat ein Politiker oder Funktionär für seine Position? Wer für militärische Aufrüstung plädiert, soll sagen, wodurch er sich ganz persönlich bedroht fühlt; wer gegen Schwangerschaftsverhütung ist, soll sagen, wie er seine Sexualität gestaltet; wer wirtschaftliches Wachstum will, soll erklären, auf welche Weise er sich klein und unbedeutend fühlt; wer mit der Stasi für menschliche Erleichterungen streitet, soll erklären, auf welche Weise er sich selbst als »mühselig und beladen« empfindet. Die Antworten auf solche Fragen bringen uns den Menschen näher, und wir können viel besser entscheiden, ob wir ihm vertrauen wollen oder nicht — das wird uns durch kluges Gerede oder intellektuellen Expertenstreit kaum möglich, dabei werden wir höchstens meinungsgleiche Parteigänger oder abhängige Mitläufer. Expertentum stellt sich heute häufiger als sehr gefährliche Maskerade dar, weil durch Kenntnisse und Können nur allzu leicht moralische Schwächen und seelische Defizite verborgen werden können. Im Zweifelsfalle empfehle ich drei Fragen: Wieviel Zeit nimmst du dir, um mit deinen Kindern herumzualbern? Kannst du noch weinen? Wie lebst du deine Sexualität?

Für sehr bedenklich halte ich, daß die konspirative »Drecksarbeit« praktisch kritiklos als notwendiger Einsatz für menschliche Erleichterungen und kirchliche Freiräume gepriesen wird. Wir sollten aber bedenken, daß es dabei auch um fragwürdigen Geldtransfer von West nach Ost, um zweifelhafte Immobiliengeschäfte, um Menschenhandel, Reiseprivilegien für kirchliche Mitarbeiter und intrigantes Abwiegeln von Konflikten geht. Das alles waren keine glänzenden Heldentaten, sondern dunkle Geschäfte auf dem moralischen Niveau des SED-Stasi-Machtsystems. Daß mit Geld und Privilegien auch Abhängigkeiten erzeugt, Bestechungen ermöglicht und die Solidarität untereinander erschwert werden können, wird dabei ausgeblendet; daß durch Ausreise und Freikauf wesentliche Energien für tiefere Erkenntnisse und Chancen für eine neue politische Kultur geschmälert werden und im Konfliktmanagement auch ganz wichtige Protestsignale vertuscht und die Formierung oppositionellen und alternativen Ideengutes erschwert werden, muß unbedingt mit bedacht sein, wenn vom »Helfer der Mühseligen und Beladenen« gesprochen wird.

Daß das *Kirchengeschäft A,* die finanziellen und materiellen Zuwendungen der Westkirchen an die Ostkirchen – vom Dachziegel über Bücher und (West-) Geldzuwendungen bis hin zu Autos und medizinisch-technischen Großgeräten –, das kirchliche und diakonische Wirken nicht nur unterstützt, sondern auch die vorhandenen Abhängigkeiten und die Versorgungsmentalität verstärkt und damit die eigenen Kräfte paralysiert und säkularisiert hat, muß heute sehr kritisch gewürdigt werden. Das menschliche Entgegenkommen, das sich nur allzu leicht den »heiligen Geist« abkaufen läßt, verdient allerhöchste Aufmerksamkeit, wenn uns christlicher Glaube heute noch etwas bedeuten soll.

Ich habe dies selbst an meinem diakonischen Arbeitsort miterleben müssen, wie das Ringen zwischen dem diakonischen Proprium und der medizinisch-technischen Erneuerung im Krankenhaus immer mehr zugunsten der technisch-apparativen Ausrüstung und Heilserwartung verschoben wurde: auf Kosten des psychosozialen Verstehens, mitmenschlicher Pflege und seelsorgerlicher Betreuung. Auch das Reiseprivileg für kirchliche Mitarbeiter hat eine Kluft zwischen kirchenleitenden Personen und Gemeindegliedern entstehen lassen, die die spirituelle Verbundenheit untergraben hat, ganz abgesehen von Rivalitäten, Neid und Korrumpierung zur staatsnahen Anpassung unter den potentiellen Reisekadern.

Aber das *Kirchengeschäft B,* in dem das Diakonische Werk verwickelt war, im Zuge des Häftlingsfreikaufes durch die Bundesregierung Waren in die DDR zu liefern, läßt uns die Nähe der weltlichen und geistlichen Machtinteressen besonders deutlich werden. Menschenhandel als Geschäft war sowohl für westliche Firmen wie für kirchliche Hilfsorganisationen profitabel, ganz zu schweigen davon, daß mit großen Summen (es sollen nach Angaben der »Zeit« Nr. 36/92 etwa 3,4 Milliarden DM geflossen sein) die DDR wirtschaftlich stabilisiert und ermutigt wurde, immer mehr politische Gefangene zu machen. Hier arbeiteten Geldinteressen und Machtinteressen des politischen Unterdrückungsapparates mit einer zweifelhaften Auslegung des kirchlichen Auftrages Hand in Hand. Es lohnte sich für den sozialistischen Machtapparat, Menschen zu verfolgen, zu ängstigen, Lebenswege von Menschen zu zerstören, ihre Moral zu brechen und sie zu inhaftieren, um sie dann schließlich gewinnbringend verkaufen zu können. Wer diesen anderen Aspekt, die indirekte Aufforderung zu immer mehr Repression und ihre direkte Honorierung nicht sehen will, macht dadurch auf eine tiefe

Seelenverwandtschaft zwischen vermeintlicher Caritas und brutalen Machtinteressen aufmerksam – die Überzeugung, im Dienste des Guten zu handeln, ist irrig. Und zur Entschuldigung werden dann die großen Begriffe benutzt, wie »Freiheit« von den Ausreisewilligen, »Menschenrechte« von den Geldgebern, »Caritas« von der Kirche, »Feinde des Sozialismus« von der Politbürokratie. Alle fühlen sich damit im Recht und können ihr Handeln glaubhaft und »schuldfrei« begründen und sind doch auch Opfer der eigenen abgewehrten Probleme: Flucht vor sich selbst, Geld statt Beziehung, Geschäft statt Glauben, Repression statt Sozialismus.

Daß sich aber solche unkritischen und einseitigen Einschätzungen so hartnäckig halten können, möchte ich ein »Robin-Hood-Syndrom« nennen. Die schöne Illusion vom gerechten Rächer der Armen und Frustrierten ist nicht aufzulösen, solange es Anlaß genug für enttäuschte Hoffnungen und ohnmächtigen Zorn gibt. Für die Ostdeutschen ist dies eine tiefsitzende alte wie neue Erfahrung. In diesem Zusammenhang ist für mich gerade die ungebrochene Zustimmung für Manfred Stolpe von »seinen Brandenburgern«, worauf er sich auch gerne beruft, ein sehr auffälliger Befund. Ich halte das für ein Zeichen bedenklicher politischer Schwäche der sozialen Gemeinschaft, weil nahezu trotzig an einem äußerst zweifelhaften und vor allem ungeklärten Verhältnis festgehalten wird, das aber Macht über das Leben der Menschen ausübt. Wenn ich alle pragmatischen Erklärungen weglasse (wenigstens noch ein originärer Ostdeutscher als Ministerpräsident, wenigstens ein SPD-regiertes Bundesland im Osten, wenigstens ein Ossi mit vorzeigbarer Kompetenz), die für manchen aber die wesentliche Grundlage seiner ungetrübten Stolpe-Gefolgschaft darstellen mag – da greifen eh keine moralischen Kategorien mehr – dann bleibt als psychologischer Hintergrund das Robin-Hood-Syndrom: Die ungetrübte Erlösungssehnsucht, die Hoffnung auf den großen Helden – also das fortgeschriebene autoritäre Prinzip, das Macht, Kraft und Verantwortung ewig nach oben delegiert und projiziert und sich selbst da unten als hilflos, machtlos und ausgeliefert phantasiert. Es ist dann derselbe Geist, der früher die Kirche benutzte, um sich zu politisch-oppositionellen Zwecken zu versammeln, den vermeintlichen »Schutzraum« gerne annehmend, ohne sich Gedanken zu machen, um welchen Preis die kleine »Freiheit« nur zu haben war. Dafür mußten andere (Stolpe & Co) die Kirche immer mehr in

Staatsnähe bringen (»Kirche im Sozialismus«), eine von der politischen Führung der DDR gewollte Ablösung der ostdeutschen Kirchen von der EKD durchsetzen, die »progressiv-politischen« Kräfte in der Kirche stärken und fördern und zugleich die »feindlich-negativen« Kräfte schwächen, in den synodalen Beschlüssen den Wünschen des Staates entgegenkommen und vor allem für Ruhe und Ordnung innerhalb der Gruppierungen sorgen, die sich in den Räumen der Kirche versammelten.

Auch hier finden wir wieder das verhängnisvolle Zusammenspiel von unten und oben: die Abhängigkeit und Bequemlichkeit unten und oben die Anpassung um der eigenen Machtbedürfnisse Willen. Auch ein Stolpe wird die Robin-Hood-Projektionen »seines« Volkes nicht einlösen können, er am allerwenigsten, in ihm wird ja gerade die Verwandtschaft der alten und der neuen Macht vor dem psychologischen Hintergrund am deutlichsten. Und genau das wird so heftig abgewehrt, die eigene Täuschung täte so weh, daß lieber stur an einem Phantom festgehalten wird, als sich den beschämenden und enttäuschenden Fakten zu stellen. Dies ist kein hoffnungsvolles Zeichen für unsere Zukunft, weil die Irrationalität offenbar unerschrocken triumphiert.

Und so lange Stolpe unbeschadet an der Macht bleibt, können sich alle Täter und Mitläufer beruhigt zurücklehnen, Schuld ist dann nicht mehr von moralischer Bedeutung, unsere Vergangenheit ist dann nicht mehr sonderlich belastet, und ein Übergang in die neue Ordnung ist ohne wesentliche Einsicht und Veränderung möglich. Er macht es uns vor, daß ein »pathologisches Harmoniebedürfnis«, eine »erfolgsorientierte Pragmatik«, daß »gutgläubiger« und »blauäugiger« Umgang mit einer verdorbenen Macht völlig in Ordnung und ganz normal sind. Er zeigt uns, daß man selbst als Verhandlungspartner, der »über den Tisch gezogen wird«, als Ordensträger dieser menschenfeindlichen und repressiven Interessen beste Führungseigenschaften für die neuen Machtverhältnisse mitbringt. Wir Ostdeutschen können uns wirklich freuen und erleichtert aufatmen: Wir hatten gar keine schlimmen Verhältnisse, es war alles nur ein böser Traum!

Wenn die Herrn Bischöfe und die namenhaften Politiker eilfertig das ganze Geschehen um IM »Sekretär« mit Ehrenerklärungen herunterspielen wollen, sollten sie sich nicht wundern, daß sie ihre eigene Ehre schneller verspielen, als ihnen lieb sein kann. Die Last der Fakten und die vielen Frag- und Merkwürdigkeiten in der Stasi-

Kirche-Connection reichen aus, um zumindest feststellen zu müssen, daß die Unterwanderung der Kirchenleitungen auf allen Ebenen durch Stasi-Leute so umfassend war (und noch ist), daß vor allem diese Leitungsstrukturen angefragt sind, die solches möglich machen, dulden oder nicht verhindern können. Jede Partnerschaft, Freundschaft und kollegiale Zusammenarbeit muß sich bei Denunziation und verräterischen Informationen natürlich gewissenhaft nach dem Wert und Sinn der bestehenden persönlichen oder Arbeits-Beziehungen fragen. Wirklich aufrichtige Beziehungen schließen Spitzeldienste aus.

Bei »Unterwanderung« kann man ja noch davon ausgehen, daß die Stasi ihre Leute eingeschleust und langfristig aufgebaut hat, also daß die vermeintlichen Kirchenleute wirkliche Agenten sind. Wir werden abwarten müssen, wieviel Prozent zu dieser Kategorie zu zählen sind. Die andere Gruppe aber, die ich als die wesentlich größere vermute, sind angeworbene und erpreßte »Christenmenschen«. Das kann keinem ehrlichen Christen gleichgültig sein. Entweder man muß aus dieser Kirche austreten, oder es finden umfassende Klärungsprozesse statt, die vor allem zu neuen Strukturen des kirchlichen Zusammenlebens finden müssen. Bisher sieht es so aus, daß christliche Kirchen Verhaltensweisen fördern und stärken, die den Verrat leicht machen und offenbar Charaktereigenschaften für den Aufstieg in der Amtskirche brauchen, die mit moralischen Mängeln direkt korrelieren. Solang ein kirchliches Disziplinarrecht zum Beispiel einen Ehebruch schlimmer bewertet, als eine Zusammenarbeit mit der Staatssicherheit, hat die Institution Kirche keinen Anspruch auf eine glaubwürdige Orientierungsfunktion in unserer Gesellschaft. Dies ist umso bedauerlicher, weil der andere Teil christlichen Lebens, der eben auch in der DDR so wichtig war, nämlich die Freiräume für ein ehrliches Engagement für lebensfördernde Wahrheit und Liebe, Mut und Tapferkeit und eine befreiende (nicht neurotische) Spiritualität zu schaffen und zu halten, nicht durch pervertierte Leitungs- und Verwaltungsstrukturen weiter erstickt werden sollte.

Auch die Christen müssen sich entscheiden, wem sie weiterhin dienen wollen, dem lebendigen Gott oder einer verkommenen Herrschaftsstruktur. Und sie müssen zur Kenntnis nehmen, wie Religiosität als Machtmittel zur Entfremdung, Unterwerfung und Anpassung mit allen schlimmen Folgen, wie wir sehen mußten, mißbraucht werden kann. Und dies lastet schwer auf dieser Gesellschaft, zumal die Vereinigungspolitik vor allem auch von einer Partei verantwortet werden muß, die sich »christlich« nennt, aber wirkliche Christlichkeit heute natürlich an der Seite der Arbeitslosen und sozial Schwachen, an der Seite des Protestes gegen eine menschenfeindliche Vereinigungspolitik stehen muß. Das kann nicht von einer »Kirche im Kapitalismus«, sondern nur von einer Kirche geleistet werden, die menschliche Beziehungen stiften hilft, die als wirksame Antikörper gegen eine gnadenlose Herrschaft der Stärkeren Wirkung zeigen.

In diesem Zusammenhang dürfen wir der Stasi ruhig auch mal dankbar sein, sie hat uns auf zweierlei aufmerksam gemacht: die große Bedeutung, die sie den Kirchen als einer wesentlichen Kraft wider das totalitäre Unrecht beigemessen und also auch erkannt hat, und andererseits läßt uns der erfolgreiche Einfluß der Stasi das falsche Christentum erkennen.

Ich möchte die hier zutage tretende moralische Zwiespältigkeit und Schwierigkeit einmal an einem persönlichen Beispiel kommentieren: Ich habe aus einer moralischen Grundüberzeugung heraus niemals Mitglied der SED oder einer Blockpartei sein können, weil im Namen und der Verantwortung dieser Parteien das Recht gezielt gebeugt und auch bewußt gelogen wurde. Angesichts der Konsequenz solcher Haltung: Behinderung der beruflichen Entwicklung, Ausbildungserschwernisse für die Kinder, Reiseverbot — mehr war es aber auch nicht, und es hat mir und meiner Familie auch nicht sonderlich geschadet, aber zu Alternativen verholfen — war es für mich und mein Verständnis von Würde eine Grundsatzentscheidung, daß ich diese Einschränkungen auszuhalten habe, um mich nicht auf Lebenszeit zu verstricken in einen Eiertanz von fragwürdigen Ausreden und einem ewigen Lavieren, was gerade noch mitgemacht werden darf und was nicht.

Diese persönliche Grenze habe ich immer gebraucht, vielleicht auch um mich nicht in die Untiefen latenter Verführbarkeit zu verlieren. Das größte Zugeständnis, das ich als Erwachsener gemacht hatte, war Mitglied des »Kulturbundes« der DDR zu werden, weil ich geglaubt habe, eine Position für die intellektuelle Auseinandersetzung damit besetzen und auf das geistige Niveau vor Ort Einfluß nehmen zu können. Meine erste »Amtshandlung« war dann auch, einen Besuch des psychiatrie-kritischen Filmes *Einer flog über das Kuckucksnest* zu organisieren mit anschließender Diskussion, die ich genutzt habe, um auf die eigenen unhaltbaren Zustände in der

DDR-Psychiatrie aufmerksam zu machen. Natürlich wurde ich gerügt und »zur Ordnung« gerufen, was mich zwar gekränkt, aber sonst nicht sonderlich beeindruckt hat. Ich habe dies für »normal« gehalten unter den damaligen Bedingungen und war entschlossen, genauso weiterzumachen und habe die Möglichkeit, wieder ausgeschlossen zu werden, akzeptiert.

Dann gab es eine Feier mit den verantwortlichen »Oberen« des Kulturbundes. Wenige Tage zuvor war meiner Tochter die Aufnahme zur erweiterten Oberschule verwehrt worden. Zuständiger Schulrat und Kulturbundvorsitzender waren eine Personalunion. Nun sollten Toasts zu Ehren des Kulturbundes ausgesprochen werden. Da war meine Grenze erreicht: Wie konnte ich mit einem Menschen freundlich anstoßen und ein diplomatisches Verstehen heucheln, wo grundsätzliche Unterschiede, ja ein konkret feindseliges Gegenüber zwischen uns bestanden? Ich verweigerte also den Toast mit einem knappen Hinweis auf die bestehenden Diskrepanzen und damit war meine Kulturbund-»Karriere« beendet. So war das für mich. Der Gedanke, daß ich nur von einer bestimmten Position im Beruf oder der Gesellschaft etwas bewirken könne, hat mich zwar permanent begleitet und mich immer dann wie ein Stachel im Fleisch gejuckt, wenn gleichrangige Bekannte und Kollegen scheinbar mühelos solche Skrupel abzulegen imstande waren und an mir vorbei aufstiegen oder in den Westen reisen durften. Das tat weh, war aber unvermeidbar!

Jetzt holt mich dieses Problem wieder ein. Wie kann ich noch Mitglied einer Kirche sein, die so tief in die faulen Machenschaften einer menschenfeindlichen Macht verstrickt ist, daß meine moralische Grenze bereits wieder weit überschritten ist. Soll ich aus Dankbarkeit dafür, daß ich unter ihrem Dach ein für mein Leben sinnvolles, lebendiges und kreatives Feld gestalten und bestellen konnte — was mich im Grunde genommen auch gegen alle Kränkungen der Roten Macht halbwegs immun gemacht hat —, heute meine moralische Haltung verraten? Soll ich jetzt sagen, nur innerhalb der Kirche kann ich meinen Anteil geben, daß Strukturen entstehen, die ich akzeptieren kann? Oder soll ich mich heute aus Angst um meinen Arbeitsplatz bei der Diakonie unter »freiheitlich-demokratischen« Verhältnissen mehr korrumpieren als mich das totalitäre System hätte beugen können? Das überfordert meinen ethischen Spielraum.

Parodie des Schicksals: Das ehemals »tapfere« Widerstehen hat mich unversehens in eine Entscheidungsnot gebracht, nicht etwa bestärkt und bestätigt. Meine jetzigen Ausreden wären dieselben, die die Genossen für sich in Anspruch nahmen, wo ist da der Unterschied? Ich höre es schon empört dröhnen: Aber SED-Regime und Kirchenverwaltung sind doch ebensowenig zu vergleichen wie »real existierender Sozialismus« und »freiheitlich-rechtliche Demokratie«. Wirklich nicht? Für mich schon, eben aus jenem psychologischen Blickwinkel und der persönlich erlebten Betroffenheit.

11. Besserwessi und Jammerossi

Die wechselseitigen Enttäuschungen und Beschimpfungen zwischen Ost- und Westdeutschen sind seit der Vereinigung ständig gewachsen. Heute herrschen mehr denn je Vorurteile, Klischees, Verdächtigungen und gegenseitige Schuldzuweisungen. Nicht umsonst ist »Besserwessi« zum Wort des Jahres anvanciert. Solche Bezeichnungen transportieren vor allem Affekte, die nicht direkter ausgetragen werden können oder wollen, aber sie machen natürlich auf Kernpunkte der konflikthaften Beziehungen aufmerksam. Aus meiner Perspektive weisen solche Worte schlaglichtartig auf das deutsche Dilemma hin: Über 40 Jahre haben grundverschiedene Sozialisationen auch unterschiedliche, nahezu konträre Charaktereigenschaften und Verhaltensweisen der Menschen in Ost und West gefördert bzw. unterdrückt. So weisen die aggressiven Schimpfworte auch auf Projektionen und Abspaltungen hin, die ein eingeschränktes, einseitiges und vor allem auch schuldhaftes Verhalten nicht wahrnehmen lassen wollen.

Im »Besserwessi« denunziert der Ossi seine eigene Ich-Schwäche, Einschüchterung und Gehemmtheit, wozu das »sozialistische« Leben ihn verbogen und genötigt hat. Am Wessi werden die Eigenschaften abgewertet, die man im Osten nicht leben durfte: Selbstbewußtsein und Durchsetzungsfähigkeit. Auf diese Weise findet also auch eine umfassende Schuldverschiebung statt: Der »Besserwessi« bekommt den ganzen aufgestauten Unmut nicht gelebter individueller Souveränität ab. Freilich bietet der Sündenbock eigene Schuldanteile, die ihn eben auch so gut zum »Besserwessi« qualifizieren. Da ist vor allem das Unechte und Überzogene, die nicht gut gegründete Ich-Stärke, die meist nur aufgemotzte, durch Mode und Kosmetik hergemachte Pseudostärke, die deshalb nur allzu leicht als Arroganz und Überheblichkeit imponieren muß. Durch die Art und Weise des Beitrittes der ostdeutschen Länder mit der bloßen Übernahme aller westdeutschen Strukturen bekommt diese Überheblichkeit auch einen ganz real-existentiellen Drive, denn es geht eben wirklich um Macht und Einfluß, um Posten und Profit, um Immobilien und Grund und Boden. Wer die irrwitzige Formel »Rückgabe vor Entschädigung« zu Recht erklärt, schafft aus einer saudummen Borniertheit neues Unrecht – als wenn sich Geschichte, auch DDR-Geschichte, einfach ausradieren ließe. Werden solche absurde, als Fehlentscheidung längst erkannte Bestimmungen nicht umgehend geändert, muß man entweder eine bewußt kolonialisierende Politik annehmen oder von irrationalen Mechanismen in der herrschenden Politik ausgehen.

Was hier für Recht erklärt wird, mißachtet ganz einfach nur das Leben der Menschen in der DDR. Dies ist ein eklatantes Beispiel für die Unmöglichkeit der bloßen Transformation fremder Entwicklungen auf dafür völlig andere Verhältnisse. Wer in der DDR ein Grundstück oder Haus erworben hat, sein Geld, riesige Mühen und einen zermürbenden Aufwand, praktisch alle verfügbaren seelischen und körperlichen Energien in seinen Grund und Boden gesteckt hat, um sich ein privates Refugium zu schaffen, der muß ein anderes Rechtsbewußtsein haben. Seine ganze Würde ist daran gebunden. Und jetzt einfach zu sagen: April, April, war alles ein Irrtum, das Grundstück gehört dir nicht mehr! – so viele menschliche Ungerechtigkeit kann nur mit Empörung beantwortet werden! Ein amerikanischer Farmer stünde wahrscheinlich eher mit einer Flinte vor seinem Haus, aber der ostdeutsche Eigentümer wird sich vermutlich leider eher auf dem Boden seines rechtlich erworbenen Hauses erhängen.

Solche Beispiele werfen nicht nur ein unmögliches Licht auf den sogenannten »Rechtsstaat«, dies ist auch kein rechter Staat mehr, wenn die westdeutschen Ansprüche so einseitig bevorzugt werden. Hier sind nur individuelle Lösungen und Klärungen angebracht, die die sehr verschiedenen Verhältnisse und Umstände berücksichtigen würden. Es ginge also um Entscheidungen, die mit den betroffenen Menschen zustande zu bringen wären. Das braucht Gespräche, Kontakte, gegenseitiges Einfühlen und Vergleiche – alles Dinge, die im vereinten Deutschland leider viel eher gemieden als gepflegt werden. Ein innerer Friede kann so nicht wachsen. Die DDR war eine historische Tatsache, ob uns das gefällt oder nicht – so zu tun, als sei alles aus unserem Leben hier Null und nichtig, ist eine unerträgliche Arroganz, die ihre destruktiven Wirkungen nicht verfehlen wird.

In Ostdeutschland findet im Moment ein umfassender Elitenaustausch derart statt, daß fast alle Führungsfunktionen in der Gesellschaft, die früher von SED-Mitgliedern besetzt waren, jetzt von Westdeutschen eingenommen werden. Plumper und alberner, aber leider auch gefährlicher, was den seelischen Frieden in Deutschland anbetrifft, kann sich die Fortsetzung der unveränderten autoritären

Verhältnisse und Strukturen nicht ins Bild setzen. Der »Besserwessi« als Sündenbock – immer unverblümter wird der Haß und die Enttäuschung gegen die Westdeutschen geschleudert – konzentriert auf sich das schuldhafte Verhalten vieler Ostdeutscher, die bisher nicht genügend bereit waren, eigene Fehlentwicklung einzugestehen, schuldiges Mitläufertum zu erkennen, die umfassenden schuldigen Strukturen zu benennen und aufzulösen und den Einfluß der ehemaligen wirklichen Täter zu beenden. Und natürlich gibt es Anlaß genug zur Schuldverschiebung, wenn die Westdeutschen so verblendet sind zu glauben, daß die deutsche Einheit vor allem ein Problem wäre, das mit Geld zu lösen sei. Die Reduzierung der Politik auf das, was sich rechnet, ist der Ausdruck einer »Kollektiv«-Neurose, die dem Geld all die Kraft zuschanzen will, die an Natürlichkeit und Lebendigkeit praktisch verloren oder buchstäblich verkauft wurde. Der Begriff »Besserwessi« prägt und verbirgt die Schuld von beiden Seiten.

Die Vereinigung beschert uns im Osten einen Kulturschock. Wir sind an Wissen und Erfahrung im Umgang mit westlicher Lebensart Anfänger, hinsichtlich Kapital und funktionsfähigen Strukturen sind wir ein armes Entwicklungsland, und selbst wenn es hier noch wirtschaftlich »blühen« sollte, was unverdrossen wider besseres Wissen, also lügend, weiter behauptet wird, blieben wir überwiegend die Abhängigen neuer Herren. Das würde uns auf keinen Fall von der problematischen Untertanen-Mentalität befreien helfen, zu der wir über Jahrzehnte gezwungen waren. Aber unsere Stärke liegt in der aus Verzweiflung geborenen Verweigerung, die Macht auflaufen und langsam ausbluten zu lassen. Das sollte keiner unterschätzen.

Es ist tragisch, mit ansehen zu müssen, wie durchaus auch diejenigen Westdeutschen, die guten Willens und mit bester Absicht hierher gekommen sind, nicht selten von den Ostdeutschen »verheizt« und »ausgehungert« werden. Andererseits haben sie sich schon so sehr hier engagiert, daß sie sich als »Wossis« auch zu Hause nicht mehr zurechtfinden oder dort in Distanz geraten, weil ihre Sorgen und Nöte im Westen keiner mehr hören will und sie selbst an den hohlen Schicki-Micki-Themen keinen Geschmack mehr finden können.

Ostdeutschland ist wie ein Kriegsschauplatz, über den nahezu generalstabsmäßig entschieden wird. Auch bestes Recht ist fremdes Recht, auch die erfahrensten West-Experten sind neue Herrscher und die Demokratie wird zur Diktatur des Westens über den Osten. Wer die Vereinigung so gewollt hat, ist schuldig, wer sie so zu verantworten hat, ist noch schuldiger, wer die Verhältnisse so lassen und weiter festschreiben will, ist am schuldigsten. Mittlerweile verfügen wir über jede Menge neuer Erfahrungen, die unsere Schuld vermehren, wenn wir die Erkenntnisse nicht nutzen. Vorerst auf den Punkt gebracht heißt das, wir müssen für ganz Deutschland neue gesellschaftliche Strukturen finden und aufhören, den Osten nur anpassen zu wollen, was nicht funktionieren kann. Dagegen stehen die erheblich unterschiedlichen Bedingungen, die entgegengesetzten einseitigen Sozialisationen und vor allem die globalen Probleme auf dieser Welt.

Und für die »Jammerossis« läßt sich Vergleichbares sagen. Damit bekämpft der Westdeutsche die Eigenschaften, die er selbst mühevoll verbergen und unterdrücken lernen mußte: Schwäche, Unsicherheit, Abhängigkeit und Ohnmacht. Diese menschlichen Eigenschaften taugen nicht für den »Markt«, sie schmälern nur den eigenen Marktwert und müssen deshalb unter einem Make-up verschwinden. Mit der abwertenden Beschimpfung soll die Sehnsucht nach einem entspannteren und passiveren Leben gebannt werden, die wir im Osten mit unserer größeren Hilflosigkeit und Larmoyanz provozieren. Verständnislos bis angewidert reagieren zunehmend die Westdeutschen auf ostdeutsches Gebaren, das sie aus eigenen Abwehrgründen nicht verstehen wollen: vor allem die Klagsamkeit. Sie ist unser angelerntes Verhalten, um die Obrigkeit zu bestrafen und um sie vielleicht doch noch erweichen zu können, sich besser um uns zu kümmern. Ein sinnloses Unterfangen, das nur durch Wut, Schmerz und Trauer aufgelöst werden kann!

Aber auch die Begehrlichkeit nach gleichem Lohn und gleicher Rente, letztlich nach gleichem Lebensstandard wie im Westen, ist ein infantiles Verhalten, das real nicht zu erfüllen ist, aber die Westler an ihrem empfindlichsten Punkt treffen und aufreizen muß, nämlich was sie sich so »hart erarbeiten« mußten auf Kosten ihrer Gesundheit, ihrer zwischenmenschlichen Beziehungen und der natürlichen Bedürfnisse. Im »Jammerossi« wird also nicht nur östliche Fehlsozialisation denunziert, sondern darin spiegelt sich auch die Not westlichen Wohlstandslebens. In der ehemaligen DDR wird jetzt sozusagen die psychologische Urgeschichte der ehemaligen BRD noch einmal neu geschrieben. Leiden, leiden, leiden. Das will der Westdeutsche nicht sehen, und deshalb klammert er sich nur zu gern an alle negativen Eigenschaften, die wir aus der roten Diktatur mitbringen.

Mit diesen gegenseitigen Schuldzuweisungen und Feindbildern steuern wir in Deutschland auf einen sozialen Krieg zu, der uns von jugoslawischen Verhältnissen nur noch durch den höheren Lebensstandard und die deutschen Untugenden von Gehorsam, Ordnung und Disziplin trennt. Aber wenn die Arbeitslosigkeit im Osten voll durchgeschlagen sein und ihren »Urlaubscharakter« verloren haben wird und die »sozialen Auffangnetze« durchlässiger geworden sind, wenn also immer mehr Menschen auch auf der Straße rumlungern müssen, weil sie ihre Wohnungen nicht mehr bezahlen können, dann kann uns vermutlich nur noch eine neue destruktive Diktatur »retten«, die die jetzt unbewältigte und hin- und hergeschobene Schuld dann wieder auf einen gemeinsamen Außenfeind ablenken wird. Was wir jetzt nicht als Schuld begreifen und bei uns belassen, das wird uns erneut einholen, unsere Geschichte hat es uns wiederholt gelehrt.

Der »Besserwessi« ist ohne den »Jammerossi« nicht denkbar, wie auch andersherum, beide bedingen sich gegenseitig. Die Relation definiert die Charakteristika. Gegenüber einem Ostdeutschen weiß der »Besserwessi« eben alles besser, weil er nur etwas zu vermitteln hat, aber selbst nichts lernen will – er lehrt und belehrt, doziert und dominiert, er beherrscht die Szene, er spricht mehr, lauter und bestimmter, ist souveräner, selbstbewußter und zupackender – der »Jammerossi« ist bedächtiger, vorsichtiger, zurückhaltender, er ist eher scheu und unsicher, verlegen und linkisch oder plump und naiv, er nörgelt und klagt in sich hinein, bleibt nach außen aber lieber freundlich und zutraulich. Solche Eigenschaften provozieren sich immer wechselseitig, wenn sie aufeinandertreffen. Dies verursacht hunderttausendfach verstärkende Störungen: Der eine ist für den anderen praktisch der Kontrast, der die problematische Seite des Gegenüber erst richtig heraushebt. So muß das Unverständnis aneinander wachsen, die gegenseitige Bedrohlichkeit und Ablehnung zunehmen, und am Ende steht der Haß. Aber in Wirklichkeit erkennen und bekämpfen wir am anderen nur die Seiten, die wir selbst nicht leben durften, und deswegen sind wir zur Entrüstung durchaus berechtigt, nur sind die Adressaten dann ganz andere.

Uns verbindet eine gemeinsame Geschichte und Tradition, Sprache und Kultur, und wir stehen uns dennoch so verständnislos bis feindselig gegenüber. Diese Kluft zwischen uns kann nicht in 40 Jahren einfach so entstehen, sie entspricht eben nur einem psychischen Abwehrvorgang, den die Spaltung Deutschlands befördert hat. Statt Schulderkenntnis wurde die psychische Energie in Feindbilder und einseitige Entwicklungen investiert. Mit der Vereinigung Deutschlands werden die abgespaltenen und projizierten Energien wieder zurückgeführt, Schulderleben wäre nun wieder möglich, ja wird uns geradezu abverlangt, aber leider ebenso angstvoll gemieden und verhindert. Für die zusammengebrochenen politischen Feindbilder sollen jetzt ihre psychologischen Schatten den Schutz vor bitteren Wahrheiten ermöglichen. Durch keine Mauer mehr voreinander »geschützt«, kann dies verhängnisvoll werden, die wachsenden Vorurteile sind beredte Zeichen dafür. Wenn wir nur begreifen könnten, daß wir gleichwertige, nur andersartig ausgeprägte Probleme und Störungen in uns tragen, obwohl das sozialistische System so jämmerlich gegenüber dem glänzenden und »erfolgreichen« Kapitalismus versagt hat!

Wie wenig die auf Geld gestützte Macht in der Lage ist, die vorhandenen Schwierigkeiten wirklich zu bewältigen, kann nun inzwischen jeder sehen, und viele müssen es leider auch fühlen, und so müssen wir die siegesgewisse Überheblichkeit als typische Fehleinschätzung, als ein Symptom der West-Neurose erkennen. Nicht wir im Osten sind daran schuld, daß ihr im Westen euch so geirrt habt! Dagegen ist es ganz einfach anders: Die deutsche Einheit kostet nicht zuviel – sie ist nur durch Geld nicht herstellbar! Und wir im Osten sind durch das Grundgesetz, die verbrieften Menschenrechte und die DM nicht von unserer Schuld zu erlösen. Der »Beitritt« befreit uns nicht von unseren Problemen, er bringt sie erst richtig ans Licht. Wir verharren in der Abhängigkeit. Wir sorgen sogar für eine verschärfte Abhängigkeit durch Verschuldung und Enteignung (wir verwandeln unsere Schuld in Schulden und sehen tatenlos zu, wie unser »Volkseigentum« an das Kapital verramscht wird). Diese treu-doofe Beschränktheit, ein Symptom der Ost-Neurose, führt nicht in die Freiheit, sondern geradewegs in die neue Unterwerfung. Die Übervorteilung der Ostdeutschen und die gnadenlose Ausnutzung ihrer Naivität ist die Rache der »Besserwessis« für die Demaskierung der westdeutschen Grandiosität; die verschlingende Gefügigkeit ist die Rache der »Jammerossis« für den blamablen Kinderglauben an ein besseres Leben durch VW und Coca Cola. Solange wir in Kategorien von Über- und Unterlegenheit denken und handeln, bleiben wir in der Gefahr der schuldverschiebenden Projektion und damit bei der zunehmenden Wahrscheinlichkeit destruktiver Eskalation.

Wie erschreckend tief das Unverständnis reicht, sei an einem einzelnen Beispiel erzählt: Wolf Biermann hatte gerade »Sascha-Arschloch«-geoutet, und die Medien stürzten sich auf diese Gelegenheit, Schuldverschiebung zu befördern. Im Privatfernsehen war Sascha Anderson zur Talkshow geladen. Die Moderatorin aus dem Fernsehen spielte in typischer Manier den Verfolger, und der bloßgestellte IM versuchte gar nicht mehr zu entkommen. Nur verstehen konnten sich die beiden dennoch nicht. Die Wessi hatte ihren Plan, den Bösewicht aus dem Osten zu überführen: Das angebliche Doppelleben, der Freundesverrat, die Unmoral sollten durch die bohrenden Fragen aufgedeckt werden. Bei dieser unerträglichen Vorführung schlug meine tiefe Abneigung gegen Denunziantentum sofort um, und ich geriet unweigerlich auf die Seite des Täters, der angesichts der vorurteilshaften, sensationsgeilen und zur Einfühlung unfähigen Moderatorin hoffnungslos zum Opfer wurde. Sie konnte ihre eigene Betroffenheit nicht spüren und schlug sie dem offenkundig Schuldigen um die Ohren. Gab es da noch einen Unterschied zwischen einem Führungsoffizier der Stasi und dieser westdeutschen Journalistin – der IM war nur noch ein hemmunglos für die eigenen dunklen Interessen instrumentalisiertes Menschenobjekt.

Anderson offenbarte etwas von seiner seelischen Not, einem Selbstmordversuch, der ihm immerhin für einige Zeit die Stasi vom Halse gehalten hatte. Die Stasi war offensichtlich in der Lage, ihrem Handlanger nach der erlittenen Krise eine Pause zu gewähren, nicht aber die Westdeutsche, die völlig unbeeindruckt davon insistierte, daß der Spitzel doch moralisch versagt hätte. Die unverdrossen entrüstete Frage, ob er denn nicht gewußt habe, was er tat, und weshalb er sich nicht weigerte und ausstieg, konnte überhaupt nicht greifen, weil sie nichts von der gewöhnlichen Bedürftigkeit, der umfassenden Unsicherheit und sehnsüchtigen Abhängigkeit begreifen will, die autoritär entfremdete Menschen plagt. Sie könnte sich in ihm spiegeln, statt ihn zu jagen. In einem öffentlich zelebrierten Sündenbock-Sado-Masochismus wird der Ossi mit seiner nicht mehr zu verbergenden Schuld benutzt, um die clevere Selbstgerechtigkeit der Wessi nur umso heller erstrahlen zu lassen. Dabei wird aber mit der gespreizten Anklage nur die eigene Bedürftigkeit im anderen bekämpft. Der eine wurde zur dunklen Gestalt eines tragischen Spitzels gemacht, die andere zur strahlenden Heldin in einer Show für Einschaltquoten, aber beide sind von vergleichbaren Bedürfnissen getrieben, die in unterschiedlichen Systemen nur verschieden ausgetragen werden. An so einem Punkt stelle ich mich an die Seite des angeklagten IM und verfluche die Verhältnisse, die uns so jämmerlich entwürdigen, hier wie dort.

Wer einen offenen Blick für die »Übergangsverhältnisse« in Ostdeutschland hat, dem kann die Groteske nicht verborgen bleiben. Es ist so, als wenn sich das ganze Land mit einem neuen, aber viel zu großen oder völlig unpassenden Anzug bekleidet hätte: Vor den finsteren Ruinen sozialistischer Schlamperei prangen nun die riesigen bunten Reklameschilder der weltbekannten Marken – endlich dürfen sie auch die armen Menschen im Osten beglücken mit Aprilfrische, porentiefer Reinheit, dem großen Duft der Freiheit, der quellklaren Erfrischung und der allergrößten Automarke, die geradezu das pure Glück bedeutet. Und gleich daneben stehen die ausgeschlachteten Autowracks, lieblos einfach stehengelassen oder wie vorwurfsvoll einfach »hingeschissen«, der Dreck, der bis vor kurzem noch besser gehegt und gepflegt wurde als die eigenen Kinder. Diese absurden Bilder sprechen für sich, es kopulieren die Symbole der Morbidität zu einem großen Stilleben der Zeit. Dahinter aber steckt die reine Not und die nackte Gewalt.

Welches Ausmaß diese Gewalt bereits angenommen hat, und wie sich unter den mannigfachen Schuldverschiebungsversuchen ein neues großes gesamtdeutsches Feinbild herauskristallisiert, dies ließ sich an den unerträglichen Gewaltexzessen von Rostock und ihrer Medienvermittlung studieren.

Ich sage es vorneweg, daß die Masse der Gaffer und Gewaltanheizer, die ihre fiesen Interessen von den gewaltbereiten Jugendlichen austragen läßt, nur noch ekelerregend und beschämend ist. Und sie ist eine große Gefahr. Da ist sie wieder, die Masse der aufgebrachten Spießer, die begeistert in den Krieg und jubelnd an den Bonzen vorbeigezogen ist. Mich widert das an, auch wenn ich die psychosozialen Hintergründe und Ursachen verstehen kann. Meine moralische Entrüstung will ich dadurch aber nicht aussetzen.

Zu den Gründen, die Rostock zu einem Fanal haben eskalieren lassen, gehört ganz sicher eine besondere ostdeutsche Vermengung von Alt- und Neulasten, von mörderisch aufgestauter Aggressivität, die die rote Gewaltherrschaft massenhaft produziert hat, und einer sozialen und existentiellen Verunsicherung, die in ihrem Ausmaß nur den Ergebnissen eines Krieges gleichkommt, es gehört aber auch das bemerkenswerte Verhalten der Politiker und der Polizei dazu. Ich werde den Verdacht nicht los, daß gegen die Gewalt nicht entschlossen genug vorgegangen wurde, weil die Unruhen umfassend für dunkle Interessen instrumentalisierbar waren.

Worum es mir hier aber geht, das ist die Überlagerung der Schuldverschiebungen von Ost nach West und umgekehrt mit dem neuen Feindbild Asylant. Entgegen allem statistischen Wissen wurde in den Westmedien mindestens teilweise der Eindruck vermittelt, es handele sich hier um ein vor allem ostdeutsches Problem, daß von hier die Gefahr des Rechtsradikalismus in den Westen schwappe. Ich bin der letzte, der die Besonderheiten der ostdeutschen Gefühlslage wegdiskutieren möchte, aber wieso ist nach allen Umfragen die Neigung zum Rechtsradikalismus im Westen höher, wieso werden dort Asylantenheime genauso mit Molotowcocktails angegriffen wie hier? Die ganze Hektik um die Debatte der Grundgesetzänderung zeigt doch, daß wir hier ein gesamtdeutsches Problem haben und die Asylbewerber und Fremden gesamtdeutsch zu Sündenböcken gemacht werden. Dennoch aber wurde tagelang über die ostdeutsche Seelenlage philosophiert, während die dann doch und Gott sei Dank auftauchenden Berichte über eine vergleichbare Gewaltbereitschaft bei den Westdeutschen so merkwürdig blaß geblieben sind.

Es ist genau dieser Mechanismus, den ich anprangern will, wenn ich behaupte, die Westdeutschen reden nicht von sich. Was passiert denn im *Wirtschaftswunderland*, wenn kein Geld mehr da ist, was steigt denn da an ernsthaft gar nicht bewältigter Vergangenheit auf, wie stabil ist diese Demokratie? Die zunehmenden Wahlerfolge der Rechtsradikalen gab es dort schon vor der Wende und den »Einheitslasten«, jetzt aber weist der Versuch, das ganze Problem in den Osten zu verlagern, nur darauf hin, daß man die eigene Instabilität gerne woanders stellvertretend bekämpfen möchte.

Im superordentlichen Sicherheitsstaat DDR war auf dem explosiven Druckkessel des Gefühlsstaus ein zuverlässiger Deckel aus Angst und Einschüchterung gesetzt worden. Die Hoffnung, als neuer Deckel könne schnell der »Aufschwung Ost« gesetzt werden, damit der Bodensatz an Entfremdung wie im Westen durch Wohlstand verdrängt werden kann, geht nicht auf. Es macht eben keinen

Sinn, wenn über diese Probleme ohne die persönliche Betroffenheit geredet wird, die allein es erlaubt, aus dem Diskurs herauszutreten, der aus dem anderen immer nur das Objekt macht, das den eigenen Defekt verschleiern helfen soll. Und der hat bei uns Deutschen eine gemeinsame Wurzel, auf die hinzuweisen ich nicht müde werden will.

12. »Wer unter euch ohne Sünde ist, der werfe den ersten Stein ...«

Wir wollen – wir müssen »Vergangenheit bewältigen«. Aber was darunter zu verstehen ist, bleibt oft sehr vage. Zu befürchten ist, daß viele damit nur einen Vorgang meinen, anderen wieder die Schuld zuzuschieben, um dann mit »neuem Optimismus voran«, selbst aber unverändert, die neue geschichtliche Chance wiederum zu Schanden zu reiten – ein Karussel der Schuldabwehr, das immer wieder neue Qualen schafft. Vergangenheit zu bewältigen kann in Wirklichkeit nur heißen, meine Schuld zu erkennen, die Fehler des eigenen Lebens zu benennen, mit der festen Absicht, es fortan besser zu machen. Nur wenn ich es wage, mir selbst auf diese Weise weh zu tun, auch mit der bittersten aller Erkenntnisse, daß nichts ungeschehen, nichts wiedergutzumachen und nichts nachzuholen geht, dann reift neues Leben, das die alte Schuld nicht wiederholen muß, aber neue auch nicht vermeiden kann. Die Wunden, die Schuld in unsere Seelen schlägt, die schließen sich nicht mehr, und wir werden mit dem ewig schmerzhaften Ausfluß andere zu verunreinigen suchen, sobald sich nur die geringste Möglichkeit bietet, oder wir werden uns immer wieder des eigenen Schmerzes erinnern müssen. Deshalb sind die Schuldigen so selten und die Sündenböcke so zahlreich. Luthers Wort vom *sündige tapfer* kann ich so verstehen: Wer sich unerschrocken vom Leben mitnehmen läßt, der wird unweigerlich auch sündigen müssen, doch das ist etwas völlig anderes als derjenige, der das Leben in Ordnungen zwängt, um die Sünde vermeiden zu wollen und dabei noch unvermeidlicher immer mehr Schuld verursacht.

Die Aufgabe, die uns heute zu verstehen aufgegeben wurde, betrifft das verhängnisvolle Zusammenspiel von sozialistischer Diktatur, willfährigem Volk und westlichem Größenwahn. Es ist die Trias von Repression, Unterwürfigkeit und Verführung. Ich denke, nur aus dieser Gesamtschau können wir uns dem umfassenden deutschen Problem halbwegs annähern: Die totalitäre Macht wurde durch die Unterwerfungsbereitschaft des Volkes aufgebläht, und die so ermutigte Gewalt wiederum folgte der Einladung und tat immer unbeherrschter, was man ihr so leicht machte. Und zu dieser Aufschaukelung der sich ergänzenden Verhaltensweisen, die aber aus der gemeinsamen Quelle einer ungestillten Bedürftigkeit entspringen, die einerseits durch Macht und andererseits durch Anpassung beruhigt werden soll, gesellt sich aus gleicher Herkunft der mit Fleiß herausgeputzte schöne Schein des Westens, der zur Flucht verlockt. Solange der Westen sich so darstellen und damit Zulauf provozieren konnte, war es leicht, Größe und Erfolg zu suggerieren, um den Preis der Entfremdung und Anpassung an diese Lebensart nicht voll erleiden zu müssen. Zweifel, schlechtes Gewissen und Schuld konnte so immer mit Blick auf den Osten beschwichtigt werden.

Es muß nicht verwundern, daß die verwandten dunklen Interessen beider Systeme sich bald zum schmutzigen Geschäft des Menschenhandels zusammenfanden: für beide gewinnbringend und machtstabilisierend. Die Formel von den »menschlichen Erleichterungen«, die immer auch – zumindestens vordergründig – stimmt, muß endlich zurechtgerückt werden. Die Deutschlandpolitik über die Mauer hinweg sprach meist von »Familienzusammenführung«, »Reiseerleichterung«, »Haftentlassung«, ohne jemals ernsthaft die tieferen Gründe für getrennte Familien, Reisewünsche und Inhaftierung verstehen oder gar benennen zu wollen.

Flucht und Ausbürgerung, Ausreise und »Freikauf« müssen eben auch als eine unbewußte »konzertierte Aktion« der Schuldabwehr verstanden werden. Die Fliehenden wollten sich oft genug nicht der inneren Problematik ihres Lebens stellen und flohen nach außen; die sozialistische Macht hatte ein wirksames Überdruckventil und konnte sich jeder unliebsamen Konfrontation und Auseinandersetzung entziehen und dabei auch noch Devisen verdienen. Und der Westen konnte sich ständig moralische Selbstgerechtigkeit und Überlegenheit zusprechen. Erst nachdem die üble SED-Propaganda ihre ekelerregende Wirkung auf mich verloren hat, kann ich solche Begriffe wie »Abwerbung« in einem neuen Licht sehen: Die Flucht zu unterstützen und zuletzt als Kollektiv-Übersiedlung politisch zu vollziehen, was als Wandel und Auseinandersetzung hätte geschehen müssen, geht auch zu Lasten der West-Neurose, die vor allem durch die eigene Flucht in ein Größenideal unterhalten wird und zum aufgenötigten Minderwertigkeitskomplex der Ost-Neurose so gut paßt es wie der Wind zum Segel. Flucht und Beitritt sind für beide Seiten der unglückliche und unheilvolle Versuch, durch symptomatische Maßnahmen eine schnelle »Schmerzbefreiung« zu erreichen, was aber nur durch ein tieferes Verstehen mit unvermeidbarem Schuldschmerz allmählich ausheilen könnte.

Wir Ostler tragen vor allem Schuld an unserer Unterwerfungsbereitschaft – sie vor allem muß unser Thema sein, mehr als die russischen Panzer und der Stasi-Terror, mehr als SED-Herrschaft und Existenzbedrohung: Das alles war leider auch bittere Realität, aber damit unser Verhalten erklären zu wollen, das bringt uns nicht wirklich weiter. Ihr Westdeutschen tragt vor allem Schuld an der Retter-und-Helfer-Mentalität, die viel mehr als der Auftrag des Grundgesetzes (der auch nicht einmal richtig erfüllt wird) mit Eifer das eigene Lebensarrangement verkaufen will, um sich selbst nicht befragen lassen zu müssen. Diese Scheu ist das Schmieröl für die heutige Schuld, die wir im Osten aus gleicher Furcht schon längst auf uns geladen haben. Allein durch unsere 99-prozentige Wahlbeteiligung sollte uns jede Entschuldigung auf der Zunge vertrocknen. Für diese Schuld ist keine Erklärung erlaubt. Und ein Westdeutscher ist nur ohne Schuld, wenn er kommt zu sehen, zu verstehen, zu lassen und sich vielleicht sogar selbst zu verändern, statt dafür zu sorgen, daß wir in allem so werden müssen, wie er selbst. (Merkt ihr denn nicht mehr, wie ihr in der Orientierung eures Lebens längst den steuerbegünstigsten Weg eingeschlagen habt, wie abhängig und angstvoll ihr dem Willen der Arbeitgeber folgt, wie ihr verfallen an das Geld seid, wie ihr nur noch rechnet und alle Probleme in Kosten verwandelt, und wie der Erfolg und Gewinn fast alle Mittel heiligt, und wie eure Moral längst von Moden und Meinungen und Medien bestimmt wird!)

Der bisherige Vereinigungsprozeß, ungeachtet aller Beteuerungen, ist nichts anderes als die unbarmherzige Expansion des westlichen Lebensstiles auf Kosten der Ostdeutschen. Wir werden behandelt wie die Indianer, unser Gold sind vor allem Haus und Boden. Die rationalen Erklärungen notwendiger Realpolitik reichen nicht aus, um dieses zwanghafte Verhalten zu begründen. Die bürokratische Brutalität, mit der alles nach Recht und Gesetz abgewickelt wird, läßt einerseits eine Aggressivität und Gierigkeit erkennen und andererseits eine Unfähigkeit, Freiräume und Veränderungen zuzulassen, daß das Freiheitlich-Demokratische und Sozial-Marktwirtschaftliche nur noch als eine Farce, als Bemäntelung einer in Wirklichkeit schon längst wieder erstarrten inneren Unfreiheit empfunden und erkannt werden kann. Es gibt eine Alternative zum westdeutschen Rechtsstaat und zur westdeutschen Verwaltung: einen gesamtdeutschen Rechtsstaat und eine gesamtdeutsche Verwaltung, die der geschichtlichen Entwicklung gerecht wird und nicht borniert und brutal westdeutsche Einseitigkeit zum Maßstab aller Dinge (... so wie im Westen, so auf Erden!) zwingen will. Welche Not muß darin liegen, welche Angst vor Erkenntnis und Veränderung? Eine Not, die durch Erfolg bisher gut abgewehrt werden konnte, sich nun aber zusehends in Schuld verwandelt.

Wie sehr kenne ich diesen Prozeß, der die Entwicklung verweigert und selbstgerecht-verzweifelt an den Erfolgen von gestern festhält. Der Neurotiker findet in seiner Not zunächst fast immer einen für sein Überleben erfolgreichen Platz und Weg, auf dem ihn alsbald Last und Behinderung einholen, bis er sich selbst zerstört oder den Lauf der Dinge aufhalten will. So habe ich den »lieben Jungen« später verzweifelt erschöpft gefunden, das »süße Mädchen« als traurige Suizidale, den »begabten Schüler« als ausgeflippten Süchtigen, das »brave Kind« als frommen Eiferer, die »große Leistungssportlerin« als unfähige Mutter, die »tapfere Tochter« der alleinerziehenden Mutter als beziehungsunfähige und männerfeindliche »Emanze«, den gewissenhaften und tüchtigen »Klassenprimus« als fanatischen Bonzen, gewissenlosen Grenzoffizier und ehrgeizigen Wissenschaftler mit IM-Karriere. Von den vielen Erkrankungen wollen wir gar nicht erst reden, die auf Kosten der Eigenschaften gehen, die mensch als Kind erwerben mußte und später nicht wieder aufgeben konnte, selbst wenn sie längst als unnötig, überflüssig, ja sogar schädlich erkannt waren.

Die deutsche Vereinigungspolitik erscheint mir ähnlich tragischen »Gesetzen« zu unterliegen. Wer und was hindert uns eigentlich, aus den praktischen Erfahrungen lernend, den Einigungsvertrag, längst als unzureichend erkannt, nachzubessern; ein gemeinsames Grundgesetz zu schaffen; die Treuhand zu kontrollieren und überhaupt mit sozialen Lebensformen zu experimentieren, die den grundlegend veränderten Bedingungen gerecht werden könnten. An Wissen und Vernunft dazu kann es nicht mangeln, sondern es ist vor allem die Angst der Veränderung, die schmerzliche Erkenntnisse über unsere Vergangenheit und Gegenwart vermeiden will und somit zur Schuld des Unterlassens und Duldens und gedankenlosen Geschehenlassens wird.

Ich schreibe dieses Buch, um der falschen Entrüstung, die der Schuldabwehr dient und Sündenböcke macht, ihre gefährliche Wirkung zu nehmen und um die notwendige Entrüstung, die von uns letztlich Lebensveränderung erfordert und eigene Schmerzen nicht mehr vermeiden will, zu ermutigen. Im Schuldbegriff ist die komplexe menschliche Existenz enthalten und kann moralisch, theologisch, juristisch, psychologisch, soziologisch und politisch dekliniert werden. Die Perspektive, aus der ich denke und schreibe, sucht nach Hintergründen und Erklärungen für vermeidbare Schuld — einer Schuld, die aus schädigenden Erfahrungen und sozialen Defiziten in der Kindheit, aus unnatürlichen Normen und Geboten, aus autoritärer Erziehung und einer zerstörerischen Kultur erwächst und prinzipiell verminderbar ist. Diese psycho-sozialen Determinanten ermöglichen ein Verstehen, das auch zur Veränderung aufruft.

Und Psychotherapie ist zum Beispiel ein menschliches Arrangement, das einen solchen Prozeß der Veränderung befördern und erleichtern hilft. Die Verantwortlichkeit und die Freiheit des Menschen werden dadurch nicht aufgehoben. Der Mensch ist in einer nennbaren Größe frei, sich gesund oder krank, glücklich oder unglücklich zu machen, schuldig zu werden oder schuldfrei zu bleiben, auch frei, sich zu töten, oder im wörtlichsten Sinne frei, sich »das Leben zu nehmen«. Um dieser Verantwortung gerecht werden zu können, brauchen wir Wissen, Erkenntnis und Freiräume. Aber auch dafür müssen wir bereits einstehen. Zu unserer Verantwortung zählen also auch das Ringen um entsprechende Vorsorge, der Kampf gegen ungerechte soziale Verhältnisse und unser Bemühen um entsprechende Therapiemöglichkeiten. Allerdings wäre auch damit noch längst nicht das Problem menschlicher Schuld bewältigt — es ist überhaupt nicht zu »bewältigen«, und dennoch kann uns keiner die Pflicht um entsprechende Bemühungen abnehmen, ja nicht einmal das notwendige Maß der Verpflichtung ist festlegbar. Das nie endende Ringen und Bemühen bleibt uns für immer auferlegt.

Würde es uns gelingen, die soziale Deprivation als Schuldquelle zu verringern, so bliebe die Schuld des Menschen, die seiner Schwäche anzulasten ist, kein unfehlbares Leben gestalten zu können. Menschliches Leben wird immer mit den Gesetzen der Natur und der Vernunft, die selbst gegensätzlich sind, in Widerspruch geraten müssen. Allerdings ist ein Mensch, zu Ordnungen gepreßt und zu gradlinigem Verhalten genötigt, dem krummen Leben am schlechtesten gewachsen und wird mehr Schuld anhäufen als einer, der auf die veränderlichen Lebensbedingungen auch flexibel und dynamisch zu reagieren vermag. Dies aber hat mit Opportunismus nichts zu tun, der zur ewig gleichen Anpassung an den Willen der Mächtigen auffordert.

Es bleibt auch die Schuld der verweigerten Liebe, die allerdings von den »gottesfürchtigen« Menschen immer wieder mißverstanden wird, die sich zur Liebe für den Nächsten zwingen wollen und damit ein Unheil nach dem anderen anrichten, obwohl geschrieben steht: »Liebe deinen Nächsten wie dich selbst!«, was ja die Selbstliebe zur Voraussetzung für die Nächstenliebe macht. Wir brauchen einen »Christen« nur zu fragen, ob er sagen kann: »Ich habe mich lieb«, »ich finde mich gut«, um zu wissen, was sein Dienst für den Nächsten wirklich wert ist. Die meisten aber brauchen die »Mühseligen und Beladenen«, um sich selber aufzuwerten. Das können wir zur Zeit ständig hören, wie fragwürdiges Verhalten im Nachhinein dadurch geadelt werden soll, daß es für andere getan worden sei. Nur Kinder, Hilflose und Schwerbehinderte brauchen eine schützende Vertretung ihrer Rechte und eine liebevolle Betreuung. Wer aber für »menschliche Erleichterungen« am durchschnittlichen Erwachsenen einstehen will, sollte sich klar sein darüber, daß er innerhalb autoritärer Strukturen handelt, wodurch seine »Hilfe« vor allem Abhängigkeiten und Unmündigkeiten verstärken wird und nur um diesen Preis die eigene »Großartigkeit« aufgebaut werden kann.

Es bleibt auch die Schuld der juristisch eindeutig einklagbaren Verbrechen, die durch Gerichte geahndet und bestraft werden können. Glücklich ein Volk, das sich ein gutes Rechtssystem schaffen konnte, aber damit kann politisches Unrecht, skrupelloses Mitläufertum, Vorteil erheischende Intrige und Bosheit, Vertrauensbruch und Verrat nicht gesühnt werden. Die Ohrfeigen, die wir »friedlichen Revolutionäre« auszuteilen zu feige waren, kann nun kein Gericht im Nachhinein verpassen.

Wenn wir das *Auge um Auge und Zahn um Zahn* tatsächlich nicht mehr wollen, werden wir uns auch abfinden müssen, daß Unmoral und Willkür ungesühnt bleiben, ja sogar wuchern und triumphieren können. Zugleich ist diese alttestamentarische Rache ein bedenklicher Pfad der Eskalation und stets eine Gefahr der Überfrachtung mit Affekten anderer Genese. Die Bereitschaft, Schuld durch Sühne aufwiegen zu wollen, bleibt dort eine Möglichkeit, wo justiziable Bestrafung nicht hinreicht, sie verbleibt dann aber auch in der persönlichen Verantwortung des Einzelnen. Das Risiko neuer Schuld ist dabei nicht auszuschließen, allerdings ist es aber auch von höchstem seelischen Wert für Täter und Opfer, erlittene Demütigung ganz konkret und personal mit Entrüstung und Verachtung zu sühnen.

Freilich auch dadurch machen wir Schuld nicht ungeschehen, aber sie wird eben auch nicht einfach nur hingenommen und damit zur Ausdehnung eingeladen. Und trotz der Sühne bleibt die schmerzliche, nie endende Erinnerung an erlittene Schmach. Die erfahrene Kränkung und Demütigung, das verlorene Leben, die Qual und Pein, die Angst und Verzweiflung sind untilgbar, und es ist wohl das Allerschwierigste, damit umgehen zu lernen, wenn die Täter ihre Schuld nicht annehmen wollen. In solchen Verhältnissen leben wir. Und wir müssen weiterhin davon ausgehen, daß Schuldbewußtsein eher die Ausnahme bleibt. Eine Erklärung dafür habe ich gegeben: Schuld und Lebensart sind so eng miteinander verbunden, daß mit einer Schulderkenntnis das ganze gelebte Leben in Frage gestellt wird. Der Zusammenbruch wäre total, ja in vielen Fällen tödlich, was bei manchem Suizid, Herzinfarkt oder Krebsleiden ohne große Schwierigkeiten auch nachzuweisen ist.

Ein Prototyp dieser verzweifelten Abwehr ist Honecker, auch wohl deshalb bestens geeignet als Oberhaupt eines Staates, der zum Schuldbewußtsein unfähige Untertanen braucht. Als er unlängst mit der erhobenen geballten Faust, dem Rot-Front-Gruß der Kommunisten – unbeirrt aller historischen Tatsachen in dieser kämpferischen Pose die chilenische Botschaft in Moskau verließ, war diese Tragik für einen Augenblick von den Kameras eingefangen. Der arme Mann kann gar nicht mehr anders. Einsicht wäre sein sicherer Tod. Dabei geht es nicht nur um die wahrlich nicht geringe Schuld dieses Mannes, sondern vielmehr um die Einsicht in das bittere Leben, das er von früh auf führen mußte und später – durchaus verantwortlich dafür – auf seine Weise fortsetzte. Diese Einsicht würde ihn töten! Dieser Mann hat sich nicht nur seelisch und körperlich gepanzert, er hat um sich auch noch eine doktrinäre Partei, einen wuchernden Sicherheitsapparat, eine totalitäre Gesellschaft, ein eingemauertes Land und ein giftiges Weib gebraucht, um den Druck seiner inneren Not unter Kontrolle zu bringen. An ihm kann die schützende seelische Leistung, die schließlich zum Verhängnis wird, bestens studiert werden.

Wir können also Täter nicht zur Übernahme ihrer Schuld zwingen, wir müssen mit ihren albernen und beschämenden Entschuldigungen und ihren renitenten Behauptungen leben. Aber wir können verhindern, daß solche Menschen weiterhin Macht und Einfluß ausüben, das ist unsere Pflicht! Wir können Strukturen und Zusammenhänge erkennen und benennen. Erinnerungen wachhalten,

Beschuldigungen und Beschwichtigungen im allgemeinen Verständnis des Geschehens nicht zulassen und ganze Lebenssysteme kritisieren, die es in ihrer umfassenden Abnormität schwermachen, die individuelle Schuld überhaupt noch wahrzunehmen, was dann schließlich das moralische Versagen zur durchschnittlichen Normalität macht.

Um in diesem ganzen undurchsichtigen Dilemma einen »Leitfaden« zu finden, der uns Orientierungshilfe sein kann, greife ich auf das »Buch der Bücher« zurück. So lesen wir bei Johannes 8, 3 bis 11: »Aber die Schriftgelehrten und Pharisäer brachten eine Frau zu Ihm, die beim Ehebruch ergriffen worden war, stellten sie in die Mitte und sagten zu Ihm: Meister, diese Frau ist auf frischer Tat beim Ehebruch ergriffen worden. Mose hat uns im Gesetz geboten, solche Frauen zu steinigen. Was sagst du dazu? Das sagten sie aber, um Ihm eine Falle zu stellen, damit sie einen Grund zur Anklage gegen Ihn hätten. Aber Jesus bückte sich und schrieb mit dem Finger auf die Erde. Als sie nun nicht aufhörten, ihn zu fragen, richtete er sich auf und sagte zu ihnen: Wer unter euch ohne Sünde ist, der werfe den ersten Stein auf sie. Dann bückte er sich wieder und schrieb auf die Erde. Als sie das hörten, gingen sie weg, einer nach dem anderen, die Ältesten zuerst; und Jesus blieb allein mit der Frau, die immer noch in der Mitte stand. Jesus aber richtete sich auf und fragte die Frau: Wo sind sie geblieben? Hat dich niemand verdammt? Sie antwortete: Niemand, Herr. Da sagte Jesus: Dann verdamme ich dich auch nicht; gehe hin und sündige nicht mehr.« Und bei Matthäus 7, 1 bis 5 können wir lesen: »Verurteilt nicht, damit ihr nicht verurteilt werdet. Denn mit dem Urteil, mit dem ihr verurteilt, werdet ihr verurteilt werden; und mit dem Maß, mit dem ihr meßt, werdet ihr gemessen werden. Was siehst du aber den Splitter im Auge deines Bruders und nimmst nicht den Balken in deinem Auge wahr? Oder wie kannst du zu deinem Bruder sagen: Halt, ich will dir den Splitter aus deinem Auge ziehen? Und siehe, ein Balken steckt in deinem Auge. Du Heuchler, zieh zuerst den Balken aus deinem Auge; danach sieh zu, wie du den Splitter aus dem Auge deines Bruders ziehst.«

Ich übersetze dies in meine Sprache und Überlegungen:

1. Ich bin zuallererst aufgerufen, meine eigene Schuld zu erkennen und zu bekennen. Aber die Widerstände dagegen sind, wie wir ge-

sehen haben, erheblich. Erklärbare Widerstände, die einerseits Angst, Verunsicherung und Ratlosigkeit vermeiden und andererseits Wut, Schmerz und Trauer verbergen wollen. Denn was gilt, wenn Vergangenes falsch war, wer sagt mir, wie ich weiterleben kann? Ich müßte es selbst herausfinden. Was werden aber die Eltern, der Partner, die Partnerin, die Kinder, die Freunde und Kollegen dazu sagen? Kann ich dann noch in meiner Partei oder Religionsgemeinschaft bleiben, kann ich meine Pflichten und Ämter noch versehen, meinen Beruf noch so weiterführen? Bleiben meine Verdienste und Erfolge dann überhaupt noch das, was sie einst verhießen, wofür ich mich unendlich abgemüht habe oder belasten sie jetzt sogar meine Ehre? Und wohin mit meinen Gefühlen? Wenn ich brülle, weine, schreie, erbreche und mich in Schmerzen winde, wird man dann nicht sogleich den Notarzt oder die Polizei rufen, um mich zu beruhigen? Und könnte ich das überhaupt noch: Weinen? Wie geht das? Ich weiß es nicht mehr, ich bin immer so tapfer und stark gewesen! Und überhaupt, was soll das helfen, sich auf seine Gefühle einzulassen? Immer und überall wird doch darauf hingewiesen, daß die Emotionen herauszuhalten seien, damit man vernünftig entscheiden und handeln könne. Ich glaube, es ist hoffnungslos! Wenn wir aber dennoch nicht aufgeben wollen, dann muß uns klar sein, daß wir Zeit brauchen, um uns zu befragen, mitzuteilen, befragen zu lassen und Mitteilungen zu bekommen, um uns zu informieren, auszutauschen und zu beraten. Und wir brauchen Räume, in denen Ungewohntes probiert und geübt werden kann und Unsicheres und Vorsichtiges beschützt bleibt. Wir brauchen auch Gelegenheit und Ermutigung, also das Zusammentreffen mit Gleichgesinnten, die stützende Solidarität und hilfreiche Anregung durch andere Menschen, ihr kritisches Bedenken, ihre Erfahrungen, Geschichten und Gefühle, die die eigene Erinnerung und Erkenntnis fördern und die Emotionen aktivieren. Immer aber brauchen wir ein Gegenüber, einen Empfänger für unsere Gedanken und Gefühle, wenn wir in neue und uns noch fremde Bereiche vordringen. Auch Schulderkenntnis bleibt an emotionale Bewegtheit, an tiefe Erregung gebunden, zu der wir uns nur vorwagen, wenn uns eine Hand dabei hält. Und manchmal brauchen wir Anleitung, um die massiven »Verpanzerungen« wieder aufweichen zu lernen. Dafür gibt es hilfreiche Übungen und Regeln. Es kann und braucht nicht jeder Mensch alles neu zu erfinden, was der menschliche Geist bereits an Wissen angesammelt hat.

2. Wir sind gefordert, keine Sündenböcke zu machen und uns an keiner Jagd auf sie zu beteiligen und solchen Tendenzen mit aller Entschiedenheit entgegenzutreten. Bonzen, inoffizielle Mitarbeiter der Stasi, Ausländer, Fremde, Asylanten, Besserwessi, Jammerossi, die Eltern, die Obrigkeit, die Verhältnisse, der andere — bei allen und allem lassen sich Makel, Fehler und Schuld finden, die auch benannt werden müssen, aber nichts davon entschuldigt das eigene Versagen.

Als Kinder taten wir gut daran, schnell zu lernen, was von uns erwartet wird, das hat unser Überleben gesichert. So können wir in der Regel hervorragend erkennen, was der andere will, was er wohl denkt und fühlt und haben im gleichen Zusammenhang verlernt, auf uns selbst zu achten. So sind wir auch bestens ausgestattet, im anderen zu sehen, was bei uns nicht sein durfte, und die Erregung über fremdes Unrecht und die Angst gegenüber einem anderen Verhalten sind die besten Hinweise auf die eigenen inneren konflikthaften Vorgänge. Nur was ich bei mir selbst nicht zulassen darf oder will, empört mich, wenn ich es beim anderen erkenne. Und die eigene Problematik zu erkennen, ist immer dann besonders schwierig, wenn das angeklagte und verfolgte Gegenüber wirklich schwere Schuld auf sich geladen hat. Ich habe viele Menschen kennengelernt, die bei ihrer berechtigten Verbitterung über die Schuld, die ihnen angetan wurde, stehengeblieben sind und ihre dennoch vorhandenen und verbliebenen Lebensmöglichkeiten nun auch noch freiwillig dem tragischen Schicksal opferten.

Um die unsichere und fließende Grenze zwischen berechtigter Erregung über fremde Schuld und die Neigung zur eigenen Schuldverschiebung halbwegs ziehen zu können, ist das klärende Gespräch vonnöten, das Kenntnisse über die fremde Geschichte wie auch kritische Reflexion des eigenen Verhaltens ermöglicht. Die Gespräche, an die ich dabei denke, enden meist nicht in »geklärten« Beziehungen, sie halten nur den Kontakt offen, den Austausch zu tieferem Verstehen, und nur ganz selten wird Klarheit, Abklärung erreichbar sein. Das *verurteilt nicht!* kann für mich nicht heißen, Empörung, Entrüstung, Enttäuschung, Protest und Einspruch vorzuenthalten — also etwa meine Gefühle nicht zu zeigen und meine Position nicht klarzumachen. Es ist unerläßlich, daß ich dem anderen zeige, was ich empfinde und denke im Zusammenhang mit seinem Verhalten. Das fordert aber stets das Ich und nicht das Du. Der Nächste ist angewiesen auf mein *ich empfinde ..., ich denke ..., ich will ..., ich akzep-*

tiere nicht ... — statt dessen bekommt er meist das *du bist unmöglich ..., du bist schuld, du mußt ..., du darfst nicht ..., wie kannst du nur ...*

Sündenböcke macht man mit dem Du! Die Verschleierung der eigenen Schuld läßt uns gerne zuhören, einfühlen, fragen, raten, trösten, empfehlen und für den anderen einsetzen. Menschliche Beziehung beginnt und endet aber bei der offenen Mitteilung von mir über mich: »Ich« ist das Wort der Wahrheit!

3. Die Verfolgung von strafrechtlicher Schuld ist eine Aufgabe der Justiz. Über moralische und politische Schuld kann und muß in einem umfassenden, nie endenden gesellschaftlichen Dialog gestritten werden. Dem kann sich keiner entziehen, ohne zugleich schuldig zu werden. Wer die Gesetze der Moral den Eltern und Priestern und die Regeln für unser soziales Zusammenleben den Politikern überläßt und sich bequem zurücklehnt oder maulend sich nur ärgert, ist selber schuld. In der immer wieder zu führenden Auseinandersetzung verdienen die Minderheiten, die Außenseiter, die Querdenker, die Ver-rückten, die Visionäre und Utopisten besondere Beachtung; sie zeigen meistens an, was die Mehrheit nicht wahrhaben will, aber dringend zur Erkenntnis drängt. Das ist auch die große Gefahr der Demokratie, daß sie Mehrheiten schafft und sich damit im Recht wähnt und in Sicherheit wiegt, aber die neuen Verhältnisse werden zuerst von den verhöhnten »Rufern in der Wüste« angezeigt. Nicht nur Diktaturen bringen diese Stimmen brutal zum Schweigen — sie können auch eleganter verhallen, aber praktisch mit den gleichen Folgen. Durch den belastenden Vereinigungsprozeß in Deutschland geschieht dies umfassend — für die Stimmen des Ostens gibt es keine demokratischen Mehrheiten, also können sie rufen, wie sie wollen, und das Recht bleibt auf der anderen Seite. Den Umweltschützern geht es nicht viel besser. Unliebsame Wahrheiten finden keine Mehrheit, also geht es mit allen demokratischen Regeln sehend und ungezügelt in den Abgrund!

»Retten« kann uns davor nur eine Katastrophe, das heißt nur die wenigen, die vielleicht überleben werden, oder eine hilfreiche Diktatur — eins von beiden wird wohl passieren. Die Alternative dazu ist die Übernahme der persönlichen Verantwortung durch jeden einzelnen, der große gesellschaftliche Disput, die erforderlichen sozialen Experimente, die Bereitschaft zur Veränderung, und das heißt nichts anderes als Verzicht auf Konsum, Luxus, Tourismus und die Autogesellschaft — der Verzicht auf expansive Produktion und erweiterte Reproduktion und das Einlassen auf intensivere Beziehungsformen. Dies ist die wesentlich unwahrscheinlichere Variante.